U0033814

中國國民黨
第一屆中央執行委員會
會議紀錄

（一）

The Minutes of First Central Executive Council

- Section I -

塑造「革命政黨」──
中國國民黨第一屆中央執行委員會
會議紀錄導讀

呂芳上
民國歷史文化學社社長

一

中國有近代模式的政黨始於 19 世紀末,老牌的國民黨推溯源頭,始於 1894 年在檀香山創立的興中會。嚴格的說,當年的革命派或保皇黨的組織都還算不上是「近代政黨」。至於知識分子熱中的政黨政治,1912、1913 年間,確曾曇花一現,直等到 20 世紀中葉,民國憲法制定,才勉強有其形式,亦就是說有憲政才有新式政黨出現,才容易形成政黨政治。中國近代的西方式政黨和政黨政治都是舶來品,因此要花一番工夫移植。孫中山自傳說他的學說是來自自創、規撫歐美事蹟,加上因襲傳統的,顯然他創黨、改造黨,得找這些源頭,更不能忽略這些因素。

1920 年代國民黨改組,有一定的背景和限制,從「孫中山黨」變成「國民的黨」,從辛亥革命到國民黨改組,一路參與的黃季陸說民國十三年(1924)具有

「劃時代」的意義，很值得重視和探討。這套《中國
國民黨第一屆中央執行委員會會議紀錄》（《會議紀
錄》）正好提供了一個孫中山「革命黨」如何轉變為
「革命政黨」的訊息。這些會議討論內容，甚至可以提
供初期國共關係史研究的基礎。

二

　　政壇上爾虞我詐、有黨有派、有分有合，一向是常
事也應是常識。1899 年，孫中山、梁啟超商洽合作倒
滿，不久檀香山革命派勢力為保皇黨侵奪；1907 年以
個人身份入籍同盟會的光復會員章太炎、陶成章，掀起
倒孫風潮，同盟會因之分裂，重創其對辛亥鼎革勞績。
1913 年二次革命失敗，國民黨分裂為中華革命黨與歐
事研究會，孫中山只能維持僅有局面，國民黨幾乎泡沫
化。1924 年，國民黨「改組」，使革命黨演變為「革
命政黨」，黨的性格有異於傳統，動員能力加大，因得
有革命再起的力道。不過，這次黨的重造是孫中山乾坤
獨斷之舉，短時期國民黨確因此有起死回生之效，長時
間則使中國走向歐美式政黨政治，顯得遙遙無期，付出
的代價，恐也得從新思考。

　　1924 年之後國民黨所以有「中央執行委員會」（簡
稱「中執會」，1952 年，此會與中央監察委員會合併
為中央委員會，即一般人習稱的中央黨部）的設置，是
孫中山生前最後一次進行黨「改組」的結果。黨改組實
起於 1922 年陳炯明叛孫所致。一年多的醞釀，在孫主
持的第一次全國代表大會定調，整個過程可以用「俄

化」二字來形容。蘇聯顧問鮑羅廷的演出，角色十分吃重，所謂「以俄為師」不僅止於口號。這次大會的重要決定，包括：一、通過了包含中國現狀、國民黨主義與政綱的大會宣言，二、孫中山在會期中演講三民主義，闡述並提供黨的理論基礎，三、通過黨的「總章」，建立俄式政黨組織模式。開會次日，逢俄共頭子列寧逝世，特別休會三日，表明聯俄政策正式出檯；四、正式通過容共案，准許共產黨人可「跨黨」加入國民黨。以上種種都深深影響稍後國民黨及中國政治的發展前景。

更具體的說，1924 年前後的中國，在北方，軍閥正混戰不休，在廣東，為陳炯明勢力所籠罩，在廣州，尤有滇桂客軍盤據，英國人支持的商團正伺機而動，這時侷促於廣州士敏土工廠的國民黨，沒有錢、沒有群眾、沒有人才、沒有國際盟友，這樣四面楚歌、內憂外患的環境，在孫中山主持下迅速形成有動員能力的「革命政黨」，的確帶給許多人結束分裂、統一中國的希望。

三

1920 年代，國民黨改組，建立了迥異於此前黨的傳統形象。早期秘密結社的會盟組織，民初大雜燴式的民主政黨，流亡海外的零散隊伍，到此才形成新的革命隊伍。革命派過去三十年打天下，嘗試過屢敗屢起、仿日、仿歐、仿美的摸索及轉變中，辛亥復放棄了歃血為盟的幫會結合方式，民初二次革命失敗，暫時不能不擱置英美式議會政治運動；當護法運動碰壁，憲政理想也

只能暫時束諸高閣。1917 年蘇俄大革命，老大帝國竟可以成為新社會主義國家，又竟然能「以平等待我之民族」，很多知識分子，包括國民黨人，甚至覺得蘇聯給中國的，正是中國人求之不得的「天鵝肉」。俄共既視孫中山為「新盟舊友」，1922 年之後，因緣際會，孫中山也因此正式與蘇俄結盟，俄式動員性格的革命黨及反帝國主義、反軍閥為內容的「國民革命」路線，便為國民黨重塑了「革命政黨」的新傳統。

這套距今百年的國民黨第一屆中執會歷史原始紀錄，正好為該黨塑造「新傳統」過程，提供一些可供討論的資源。以下是根據中執會紀錄提出的幾個看法：

（一）人事布局，國共爭奪黨權的由來

1923 年，當黨的改組積極醞釀時，2 月孫中山在上海設有幹部會議主持其事。為落實籌備工作，10 月底設臨時中央執行委員會，中共黨人只有陳獨秀列名參議。這個國民黨臨時中央，在 1924 年 1 月第一次全國代表大會（全代會）前，共開會 28 次，其後由正式的第一屆中執會取代。依照第一次全代會通過黨的「總章」，組織架構以全代會為最高權力機構，選出中央執行委員組成「中央執行委員會」（中執會），並設「部」於平時執行黨務，另設中央監察委員會，監察黨務之進行，合稱為「中央黨部」。這種組織與過去不同者有二，一是工人、商民、農民、青年、婦女均先後設「部」，專司動員群眾的工作；二是自中央到地方，層層系統黨組織，以集體決策、集體領導方式體現所謂

「民主集中制」。新的總章，依然有舊元素，例如特設
「總理」一章，尊崇孫中山的名譽與實權。全代會在 1
月 30 日推舉出包含國共兩黨菁英的第一屆正式及候補
執、監委員共 51 人，隸屬的黨籍情形如次：

1. 中執委 24 人
    國民黨　　胡漢民　　汪精衛　　張靜江　　廖仲愷
    　　　　　李烈鈞　　居　正　　戴季陶　　林　森
    　　　　　柏文蔚　　丁惟汾　　石　瑛　　鄒　魯
    　　　　　譚延闓　　覃　振　　石青陽　　熊克武
    　　　　　恩克巴圖　王法勤　　于右任　　楊希閔
    　　　　　葉楚傖
    跨黨者（共產黨）譚平山　　李大釗　　于樹德
2. 候補中執委 17 人
    國民黨　　邵元冲　　鄧家彥　　茅祖權　　李宗黃
    　　　　　白雲梯　　張知本　　彭素民　　傅汝霖
    　　　　　張葦村　　張秋白
    跨黨者（共產黨）沈定一　　林祖涵　　毛澤東
    　　　　　　　　　于方舟　　瞿秋白　　韓麟符　　張國燾
3. 中監委 5 人（無跨黨者）
    　　　　　鄧澤如　　吳稚暉　　李石曾　　張　繼
    　　　　　謝　持
4. 候補中監委 5 人（無跨黨者）
    　　　　　蔡元培　　許崇智　　劉震寰　　樊鍾秀
    　　　　　楊庶堪

　　上列名單值得注意的是，正式或候補中監委 10
人，清一色的老國民黨人；中執委 24 人中，跨黨者（中
共黨員）3 人，候補中執委 17 人中，跨黨者有 7 人，
亦即是說國民黨中執委有四分之一是共產黨人，相當程
度說明孫中山「容共」政策的實行。

　　依照總章，黨中央設各「部」執行黨務，中執委互
選三人為常務委員，常川駐部辦事。事實上，受任常委
有流動性，兩年間 12 位常委，在職時間長短不一，多
半以輪值中執會主席為主。[1] 同時為落實「國民的黨」
之政治工作，依照會議紀錄，中央黨部初設八個部，
並在廣州以外的地區設置六個地方執行部，分派 21 位
中執委為 14 個省黨部的籌備員，實際推動改組後的黨
務。[2] 據研究國民革命史的學者分析，當年國共不論是
合作抑或競逐下的歷史，顯示改組後不久，跨黨之共產
黨人已清楚認識黨組織與群眾運動的重要，他們同時掌
握了北京執行部、滲入上海執行部，控制了組織、工人

1　1924 年至 1925 年二次全代會前，擔任過常委的 12 人：廖仲愷（1924.
　1.31 - 1924.6.12；1924.10.20-1925.8.20）、戴季陶（1924.1.31-）、
　譚平山（1924.1.31-1924.4.14；1924.6.3.-1924.11.6）；彭素民
　（1924.4.10-1924.8.3）、邵元冲（1924.6.12-）、鄒魯（1924.9.1-
　1924.10.20；1924.11.6-）；汪精衛（1924.7.17-1924.11.6）；丁惟汾
　（1925.5.17-）；于樹德（1925.5.17-）；林森（1925.9.3-1925.9.15）；
　譚平山（1925.9.28-）。參見李雲漢主編、劉維開編輯，《中國國民
　黨職名錄》（臺北：中央黨史會，1994），頁 31-33。

2　中執會初擬設九部，一開始就決定調查部緩設，1924 年 3 月前設
　七個部，後陸續增加軍事、聯絡、實業及商民部，部長及秘書名
　單可看出跨黨者（＊）的份量：組織部部長譚平山＊／秘書楊匏
　安＊；宣傳部戴季陶／劉蘆隱；工人部廖仲愷／馮菊坡＊；農民
　部林祖涵＊／彭湃＊；青年部鄒魯／孫甄陶；婦女部廖冰筠／唐
　允恭；海外部林森／詹菊似。參見李雲漢，《從容共到清黨》（臺
　北：中國學術獎助會，1977），頁 268-271。

和農民三部，打進了直隸、山西、熱河、湖南、湖北、
江蘇、浙江、江西八個省黨部籌備處，以少數黨員已
能控制多數省區。[3] 長久以來，學者對於國民黨人長期
疏於下層經營的批評，依 1920 年代第一屆中執會歷次
《會議紀錄》中央各部及地方執行部報告，也可以得到
一些印證。

（二）推尊「總理」，領袖崇拜之始

　　1924 到 1927 年，黨國體制的中國猶未成型，國民
黨還處在「打天下」的階段，與共產黨理念、作法上雖
不無芥蒂，甚至明爭暗鬥頻生，但也沒到你死我活「奪
天下」的地步。不過，1924 年國民黨改組不久，列寧
式動員型的革命政黨特性已逐漸浮現。當代政治學界把
列寧式政黨特質，約略作這樣的規納：一、民主集中制
的決策模式，二、以武力取得政權並實行一黨專政，
三、領袖崇拜，四、黨有明顯的意識形態，五、有功
能及地域性的組織方式，六、組織並運動群眾以形成
「黨力」。[4] 這些，在中執會歷次《會議紀錄》中的記

3　李雲漢，《從容共到清黨》，頁 271。

4　對列寧式政黨的特質，在學界看法並不一致。政治學者鄭敦仁認
　　為國民黨是「準列寧式政黨」（quasi-Leninist party），社會學者金
　　耀基認為國民黨外型為列寧式政黨，但具三民主義的意識形態，
　　方德萬（Hans J. van de Ven）認為國民黨堪稱為中國第一個列寧式
　　政黨。見 Tun-jen Cheng, "Democratizing the Quasi-Leninist Regime
　　in Taiwan", *World Politics 41*(July, 1989), pp.471-499; Ambrose Y. C.
　　King, "A Non-paradigmatic Search for Democracy in a Post-Confucian
　　Culture: The Case of Taiwan, R.O.C", in Larry Diamond ed., *Political
　　Culture and Democracy in Developing Countries* (Boulder: Lynne Rienner
　　Publishers, 1994), p.135; Hans J. van de Ven, *From Friend to Comrade:
　　The Founding of the Chinese Communist Party, 1920-1927* (Berkeley, Ca.:

載，似乎還可進一步比對、參酌和推敲。

國民黨第一屆中執會 1924 年 1 月 31 日起至次年 12 月 31 日結束，共開會 131 次，除第 6 次紀錄佚失外，餘均在本書中呈現。

黨的改組是孫中山個人歷史性的重大決斷，他除主持第一次會議外，生前共出席該會 14 次，最後一次是他 1924 年 4 月 28 日的第 25 次會。在黨的人事配置、地方黨務推展、廣州試點改組、宣傳刊物資助、司法人員入黨、學生工人運動等議題，孫都曾參預，由於「總理」地位特殊，其決策力自在意中。

本來 1913 年二次革命的失敗原因，孫中山最痛切的感受是黨員不受命、黨首無力，也就是說討袁活動，敗在只見「個力」未見「黨力」。此後他積極尋求解套的力量和方法。當他得知俄國十月革命布爾希維克的革命成效，加上「俄援」有望，又看到五四青年學生熱情奔放的力量，以俄共模式動員群眾，形成改造國家的力量，便成了他「師俄」、創生「新國民黨」靈感與動機的重要來源。

孫中山是近代中國國家改造有一套理論、看法和做法的少數知識分子，他生前 40 年領導革命活動，即以博大精深、奮鬥不懈精神，贏得包括政治對手梁啟超，以孫為「偉大人物」、有領袖魅力政治人物的評價。孫晚年在南方進行黨政改造，為國民黨開創新局，1924年10月底北上，由上海、日本經天津、臥病北京，逝

University of California Press, 1991), p.56.

世於北方，北方因此掀起「孫中山旋風」，大有造於國民黨北方勢力的拓展。孫北上，國民黨部分權力中心跟著移到北京，次年 3 月 12 日孫過世，在北京、廣州黨組織立刻有啟動媒體力量「造神」的跡象。依照《會議紀錄》，孫過世當天，第 67 次中執會即提出 12 則標語，包含尊孫為「中國革命之父」、「四萬萬人民慈母」，稱頌中山精神不死、主義不死。同時在各地普遍舉行追悼會，自不在話下。4 月 23 日中執會第 77 次會議起，開始有「主席恭誦總理遺囑、全場起立」的規定，此後懸為慣例，全國行之幾十年。此後半年內的中執會推尊孫總理的提案不斷，例如設立紀念圖書館，改廣東大學、上海大學為中山大學、改香山縣為中山縣等，有的立刻獲得回應，有的猶待努力。5 月 20 日第 85 次會，通過「孫中山先生永久紀念會組織大綱」，擬在軟體、硬體上作長程打算，近程即立刻發動盛大的「國民會議運動」為孫統一中國的最後主張造勢。這些都有助於「國父」、「總理」形象的建立。近代為偉人造神話、塑銅像風氣的展開，其源頭似乎也依稀可尋。

（三）「俄化」與「黨化」並進，開黨國體制之漸

　　1920 年代國民黨的改組，最顯著的特徵是國民黨走向「俄化」，中國走向「黨化」。

　　平實的說，孫中山晚年把國民黨改造為一個動員性的革命政黨，才能奪回天下。這得力於來自於俄國的鮑羅廷（鮑爾丁，Michael Borodin,1884-1951）的幫助。1923 年10 月，鮑到廣州，適時提供俄式列寧黨的組黨

經驗。學者的研究早已指出，國民黨第一次全代會的宣言、總章，均模仿了俄共章程，並出於鮑的規劃和參與。孫中山初聘鮑為國民黨「組織教練員」，後來聘為政治顧問；孫過世後，1925 年 7 月，國民政府聘鮑為「國府委員會高等顧問」。1924 年國民黨的改組，不再沿襲傳統幫會屬性，復不具備西方政黨味道，明顯的俄化政黨成了特色。[5] 從這套《會議紀錄》正可以看到新國民黨：「革命政黨」形成的一些訊息。（1）因組織和意識形態的建立使黨動員能力顯著的提升。孫中山主持改組過程中，很感成就的一點是看見廣州試點改造後的「黨力」。從中央到地方黨組織，系統、法規分明，由政府、民間，自社團到軍隊，靠「黨團」運作，產生民主集中制的作用，使黨意落實。民眾運動靠各種訓練所，使黨員凝聚共識，又能帶動民間力量。《會議紀錄》中，載有許多海內外不同地區的活動報告，黨成了政治運動的串連主軸，黨員成了政治舞台的活棋，扮演活躍角色，這是過去未見的事。（2）孫中山師法蘇俄，也不是全盤照搬、全面移植。這種國民黨式的俄式政黨，仍與俄共有別。總章除了保有「總理」一章以外，孫中山對意識形態的堅持、堅拒絕階級鬥爭的論

---

5 1921年中共的黨組織與 1924 年國民黨的改組內涵，均是「以俄為師」的產物。國民黨一大總章，最初藍本是 1919 年 12 月俄共（布）第八次會代會通過的俄國共產黨（布爾什維克）章程，分 12 章 66 條，國民黨總章分 13 章 86 條，有關黨員、組織架構、中央地方黨部、紀律、經費、黨團等，內容相近，多數條文幾乎雷同。參見李玉貞，《國民黨與共產國際（1919-1927）》，（北京：人民出版社，2012），頁 230-241。王奇生，《黨員、黨權與黨爭—— 1924-1949年中國國民黨的組織型態》（上海：上海書店，2003），頁 13 -17。

述，人所習知。實者，1923 年 1 月 26 日，孫越聯合宣言，孫中山已明白表示與蘇聯的有條件合作，所以在中執會中聽不到俄共的馬列思潮，也看不到俄共政治運作的實況。如果說 1920 年代國民黨師法俄共組黨的是「半套」戲法，中共移植的是全套戲路，是否因此成為後來兩黨爭奪天下的成敗關鍵，那就可以是另一值得討論的議題了。[6]（3）「黨化」的開端，疑慮跟著來。改組初期，國民黨中執會紀錄多揭諸報端，會議中有關聯俄容共、以黨治國的決策和走向，均不免引發批評者及反對者的側目。老革命派如章炳麟、馬君武，和南北反國民黨軍閥，多詆孫黨「赤化」，許多知識分子尤對「黨化」表示不安。孫中山與章炳麟本有政治主張的歧異，這時也不贊成孫與蘇聯交好，孫派國民黨人也不客氣的指斥章等為「懶佬團」。[7]1924 年 3 月 30 日，中執會第 18 次會議通過議案，在廣州大元帥府任大理院院長的趙士北，以非黨員遭免職，表示黨政府下一般官吏必須入黨的要求，本屬獨立地位的司法，「司法無黨」的原則，在「黨化的革命化」下，也不能適用。在《會議紀錄》中，可以看到歷次會議通過各部提送的群眾運動議決案，包括青年部學運計畫案、資助全國學生聯合會案，農民部提交農民運動講習所、農民協會設置案，工人部的工會法、組織各地工會案，婦女部組織全

6 參見〈尋求新的革命策略：國民黨廣州時期的發展，1917-1927〉，見呂芳上，《民國史論》（臺北：台灣商務，2012），中冊，頁673-715。

7 秋霖，〈國民黨的將來〉，《香江新聞報》，1925 年 2 月 20 日。中國國民黨黨史館藏剪報資料，典藏號 436/117。

國婦女聯合會案，軍人特黨部提送任命軍隊黨代表、軍
隊黨團組織與運作、改教導團為黨軍、設置有主義軍隊
等案，[8] 在在顯示改組後的國民黨滲入社會各階層，積
極組織、運動群眾的現象。當時知識界、輿論界對黨力
滲透教育界、學生入黨問題及 1925 年東南大學易長，
引發學潮，可能形成「黨化教育」，表達諸多關切。[9]
不意外的是後來政局的發展，雖中蘇關係有變數、國民
黨與蘇俄關係有起伏，但這時期俄化下造黨，以黨化治
國，則深刻影響了近代中國政治的走向。

（四）中政會：國民黨的「政治局」、「太上政府」

依照國民黨一大通過的「總章」，全國代表大會是
黨的最高權力機構，大會推選出的中央執行委員組成的
中執會，是全代會閉會期間的最高權力機構。這一機構
設「部」辦事，即實際執行黨務的「中央黨部」。本來
中執會平時有設三常委輪班辦事，中執委正式及候補人
數不過 41 人，中執會開會，多至二十七、八人，少則
六、七人，後期（1924 年 10 月 23 日第 57 次之後）大
約出於需要或為湊人數，經常與中監會及各部長，召開

8　各案原文可參見《會議紀錄》中歷次會議內容。有關軍隊黨化問
　　題，1925 年 2 月至 4 月間，香港、廣州報刊曾就「國民黨軍隊化」
　　與「軍隊國民黨化」有所討論，見〈陳銘樞致羅漢君函〉，1925
　　年 2 月 10-11 日，《香江新聞報》；紹文，〈國民黨軍隊化〉，
　　1925 年 4 月 14 日，廣州《民國日報》。
9　黨化教育相關的討論可參考：陶知行，〈國家教育與黨化運動〉，
　　1925 年 1 月 9 日，上海《時事新報》；〈黨化教育的意義〉，
　　1925 年 1 月 26 日，上海《民國日報》；胡浩然，〈論黨化大學〉，
　　1925 年 2 月 10 日，上海《時事新報》；力子，〈論黨化大學〉，
　　1925 年 2 月 20 日，上海《民國日報》。

聯席會議，決策及執行力不高，顯然不足以為總理分憂
解勞，孫中山因此有另成立一個備諮詢，類近元首顧問
團性質的構想。1924 年 7 月 11 日，孫總理以軍、政、
黨務須分工辦理，乃依鮑羅廷的建議，仿俄國共產黨模
式，成立國民黨的「政治局」──政治委員會（中政
會）。[10] 中政會初成立時是中執會的下屬機構，且在黨
章中並不是法定機制。孫中山生前，在中執會第 43 次
會（1924 年 7 月 14 日），胡漢民提出中政會的權限討
論案，決定：一、關於黨事，對中央執行委員會負責，
按照性質由事前報告或事後請求追認。二、關於政治及
外交問題，由總理或大元帥辦理。可見中政會確屬孫總
理的智囊團，職級上為中執會的下屬機構。孫過世後，
1925 年 5 月 20 日，第 85 次中執會曾有關於「政治
局」設置討論案，決議只推汪精衛、戴季陶、邵元冲
三人提出報告，沒見下文。不過，本案出現「政治局」
三個字，足見中政會的本質。6 月中旬，中政會開會決
定建立國民政府。初無法定地位的中政會，這時擴大權
力，在黨權分配發生爭議情況下，反祭出自我定位的條

---

10 俄蘇維埃政權初建，布爾什維克黨與政權的執行和決策機構是中
央委員會，後因人數膨脹，中央全會變成泛泛的政治討論會。故
從 1919 年俄共（布）八大始建「政治局」，使決策權移到人數較
少的政治局，其成員最初包括人民委員會正副主席、共產國際主
席、陸海軍人民委員、真理報主編、俄共中委會書記處書記等。
這個機構大小事都管，成為真正意義的最高政府權力機構，即列
寧所講的「寡頭政治」。列寧，〈共產主義運動中的「左派」幼
稚病〉，中共中央馬克思恩格斯列寧斯大林著作編譯局編，《列
寧選集》，卷 4（濟南：人民出版社，1972），頁 203。又參見盧
艷香，《中國國民黨中政會研究（1924-1937）》（北京：社科文
獻社，2016），頁 28。

款：1. 中政會設於中執會內，以指導國民革命之進行，2. 關於政治之方針，由中政會決定，以政府之名義行之。[11] 第 1 項「國民革命之進行」，應偏重在黨務的擴張與發展，不免與中執會任務有疊床架屋之虞，甚至喧賓奪主侵蝕了中執會原有的角色和職權。從後來的發展看出，中執會的確淪為中政會的執行機構。第 2 項，明顯以中政會為決策機關，以國民政府為執行機構，觀察後來長時間中政會的作為，類近俄共「政治局」角色，左右了黨國大政。1928 年 2 月，長期身為中政會委員的譚延闓，就曾婉轉指出：中政會不啻為國民黨的「太上政府」，[12] 即是此意。

1926 年 1 月，國民黨在廣州開第二次全代會，國民黨左派、跨黨者與鮑羅廷主導了大局，在修正「總章」時，增列了中執會在必要時，「得設立特種委員會（如政治委員會等）」一項。1 月 23 日二屆一中全會，通過「政治委員會組織條例」七條。至此，中政會在黨統上才有設置的合法性。二屆中執會中央執、監委有 80 人，人多、運作不易，另成立「常務委員會」（中常會）維持黨務正常運作。儘管中政會名義上隸屬中執會，應向中常會負責，但因時局變幻莫測，兩會或分或合，權力消長之間，又夾雜著國共複雜關係，構成了民

---

11 〈關於政治委員會及政治會議述略〉，「中央執行委員會政治會議報告」，1928 年 8 月 10 日，中政會檔，油印件，中國國民黨黨史館典藏號 00-1-8。

12 時任中政會委員的譚延闓在 129 次中政會上說：「舉凡一切黨政、省政均由政會核定，故以有以太上政府目之者。」1928 年 2 月 22 日中政會議紀錄，中國國民黨黨史館典藏號：中央 0129。

國政治史、國民黨權力運作史的另一圖景。[13]

四

　　1920 年代初期（1924-1927）以國共關係為基礎，是國民黨史上的「聯俄容共」時期，在中共黨史則稱之為「第一次國共合作」時期。孫中山當年為打開中國政治的出路，以俄共歷史為模範、為先例，在鮑羅廷指導下的國民黨「改組」，將俄式的「革命民主」（包含一黨專政、黨國體制）引入，取代了英美式的民主。「俄化」，今天看來，絕對是民國政治的重大歷史轉折，其影響甚至以迄於今。

（一）國共合作，起始就同床異夢

　　國共初期關係即詭譎複雜，從國民黨第一屆中執會《會議紀錄》，可以有以下的幾點觀察：

　　第一、國共合作，基礎脆弱。由國民黨角度看，「我中有你」實不等於「你中有我」。共產黨人以個人身份加入國民黨，是孫中山的堅持，但國共雙方黨人均無法逃出各自的傳統及「動員黨」的「黨團」作用。你暗我明，不免猜忌，聯容政策初行，國民黨老黨員形成的北京俱樂部，後來發展出來的西山會議派，對俄化、黨權分配均不無疑慮；中共初創元老陳獨秀、瞿秋白，開始也不看好俄共導演的「送作堆」戲碼。當國民黨

---

13 中政會初期運作可參考王奇生，〈中政會與國民黨最高權力的輪替（1924-1927）〉，《歷史研究》，2008 年 3 期，頁 63-80；盧艷香，《中國國民黨中政會研究（1924-1937）》，頁 18-68。

人了解共派人士當初加入國民黨確曾有自我發展的考量，對共黨的「寄生」政策，別有用心、「不懷好意」時，[14] 雙方排斥的力量便難澆熄。兩黨衝突事件的加劇及惡化，在國民黨掌門人孫中山生前已見跡象，1924年 7 月 1 日，第 41 次中執會發佈關於黨務宣言，直謂共派與國民黨人有明顯分道而馳的傾向，已使雙方由懷疑而隔閡。次年，孫過世後，國共糾紛層出不窮，終致分手，實在意中。1925 年 10 月，中執會 113 次《會議紀錄》所呈現戴季陶〈國民革命與中國國民黨〉小冊，加上後來的〈孫文主義之哲學的基礎〉長文，國共雙方理論爭執已浮上檯面，這是後來共產黨人圍剿「戴季陶鬼」的前奏曲。同年 11 月下旬，西山會議開鑼，11 月 24 日，中執會北京執行部在 122 次中執會提出報告，直斥同志俱樂部、民治主義同志會及西山會議派鄒魯、林森、謝持等人的反共產派「喪心病狂作為」，黨內所謂左派、右派被分化出來，視同水火，黨內容共、反共兩陣營，這時已撕破臉對著幹。於是，國共問題，此後逐步演變成為「你死我活」的政治話題。

　　第二、國民黨改組初，中共黨員可以兼跨國、共兩黨黨籍，1922 至 1927 年間，人數本就不多的共產黨人，究竟有多少人入籍國民黨，並無明確記錄。一般知

---

14 1923年 6 月 12 至 20 日，中共在廣州召開三次全代會，有「關于國民運動及國民黨問題的決議案」，顯示不論俄共代表或中共黨人，對「國共合作」均已另有盤算。近年陸續出土的俄共文件，已可複按，見中共中央黨史研究室編譯，《共產國際、聯共（布）與中國革命運動（1920-1925）》（北京：北京圖書館出版社，1997）又參見李玉貞，《國民黨與共產國際（1919-1927）》。

名的共產份子如李守常（大釗）、陳獨秀、譚平山、毛
澤東、周恩來、瞿秋白、于樹德、張國燾、于方舟、韓
麟符、張太雷、蘇兆徵等，多半是出任國民黨中央或地
方重要幹部而為人熟知；另有一批黃埔學生公開身份
的，如徐象謙（向前）、陳賡、蔣先雲、左權、許繼慎
等；有些人除非自清，否則在當時可能面貌模糊的，在
早幾年社會主義流行時，甚至連戴季陶都曾參與共黨發
起，其他如周佛海、陳公博、沈定一等早期參加過共
黨，報界的邵仲輝（力子），行徑予人投機之感。改組
對國民黨黨組織的發展的確發揮很大力量，在《會議
紀錄》揭載的文件中，說明在省以下的許多地方黨部
先後成立，至少在 1926 年二大之前，國民黨正式成立
了 11 個省黨部，籌備中的有 8 省，特別市黨部正式成
立者 4 個市，另包含陸、海軍、警察 10 處。改組前號
稱有黨員 20 萬，多半不知藏身何處，但此時期重新辦
理登記，納入黨的基本組織，一旦動員，很快顯現「黨
力」。但這時期黨部真正負責組織、宣傳、工人、農民
等下層群眾運動工作的，多半是共產黨人，他們的影響
力自不可小覷。

（二）毛澤東是國民黨代理宣傳部長

　　這一時期，國民黨中央有一位跨黨人物，很算活
躍，其動向值得注意，他就是毛澤東。[15]

---

15 李戡蒐集其家藏及國民黨黨史館藏史料，撰寫成專書，見李戡，
　　《國民黨員毛澤東》（臺北：李敖出版社，2014）

　　在俄共指示下，1923 年共黨份子開始陸續加入國民黨，中共創始黨員之一的毛澤東，大約也在這股入黨潮時，變成國民黨人——跨黨黨員。1924 年 1 月，毛出現於廣州，他以湖南地方組織代表身份出席在廣東高師孫中山主持的第一次全代會，他任章程審查委員，據記載，他為維護共產黨員可以跨黨及反對西方比例選舉制，在大會中有所表現。1 月 30 日，毛被大會推選為中央候補執行委員。這個身份對他參預國民黨中央及地方的活動均有幫助，例如他可以參加中執會、可以出任地方執行部職務、可以出任中央黨部代理部長。

　　1924 年 1 月底 2 月初，毛出席了第一屆中執會一至三次會，第四次有提案未出席。接著他奉派到上海執行部（環龍路 44 號）擔任組織部秘書，這時國民黨的胡漢民、汪精衛、于右任、葉楚傖，共產黨的沈澤民、瞿秋白、鄧中夏、惲代英、向警予、邵力子、張秋白等，均在此辦公。所轄地區包括蘇、浙、皖、贛、滬等地。中共也以上海為重鎮，毛一度同時兼有中共組織部長的職務，並以國民黨左派自居，可見毛身跨二黨活動，顯著活躍。這一年年底，他以腦病請假回湘。1925 年上半年，毛在湖南進行農民運動，並在家鄉發展國民黨地方組織。9 月再到廣州，10 月 5 日第 111 次中執會，因汪精衛的推薦，出任國民黨代理宣傳部長；1926 年 2 月 5 日，二屆第二次中常會，汪精衛再次推薦毛續任代理宣傳部長，直到同年 5 月 25 日，二屆二中全會通過「整理黨務第二決議案」，跨黨者不准充任國民黨黨中央機關之部長後，毛才正式辭去國民黨代理宣傳部

長職。也就是說 1925-1926 年間毛澤東曾擔任國民黨代
理宣傳部長七個月又二十天。

國民黨宣傳部之設置，始於 1923 年改組醞釀時
期，與孫中山想掌握五四時代的思潮與脈動有關。改
組前主掌宣傳業務的有張繼和葉楚傖，1924 年改組之
後第一屆中執會時期，擔任宣傳部長的依序是戴季陶
（1924.1.31-6.30）、劉蘆隱（代理，1924.6.30-8.14）、
汪精衛（1924.8.14-1925.10.5）、毛澤東（代理，1925.10.5
-12.31）、汪精衛（1926.1.23-2.5）、毛澤東（代理，1926.2.5
-5.28）。戴季陶新聞記者出身，長於理論，汪精衛演說
及文字動人，出長宣傳，允為適任人選。當初孫中山改
組黨務，一重組織、二重宣傳，他說過去無組織、無統
系，人自為戰的宣傳固是落伍，辛亥後連個人宣傳也放
棄，加上鮑羅廷在一大強調俄革命成功賴宣傳，加深了
要求黨強化宣傳的力道。在戴、汪時期宣傳部的工作，
表現在中執會《會議紀錄》的，有幾個面向：一、統一
且頻發黨的對內、對外主張，由中央透過各地執行部、
省黨部宣傳統一發佈，這樣的宣傳機器運作是過去少見
的。例如為北洋政府濫捕黨人告國民書（36 次會議），
對各國退款、賠款宣言（42 次），對中俄協定宣言（43
次），反對聯省自治運動（69 次），召開國民會議宣
言（86、95 次），對沙面事件宣言（90 次），反帝
廢不平等條約訓令（92 次），國民黨目前反帝、反軍
閥宣傳大綱（98 次）等政治大問題。二、協助黨刊、
黨報的成立及發行。北京《民生週刊》、《新民國雜
誌》、上海《新建設雜誌》、廣州《革命評論》、漢口

《國民週刊》等黨的刊物先後創辦，影響力較大的廣州及上海兩地分別出版《民國日報》，成為知名的黨報。1924 年 4 月，成立中央通訊社，成為黨的喉舌。

　　1925 年 10 月，國民黨負責宣傳的汪精衛，因事忙，兩次找上毛澤東代理部長。汪與毛曾在上海執行部共事過，交情如何並不清楚，不過汪對毛的文采應不陌生。毛代理宣傳部長近八個月，一共出席中執會會議 15 次。他在任時期的「政績」，除了宣傳部蕭規曹隨發佈黨對時局的態度立場言論外，約略還可以看到一些其他的想法和作法：一、1925 年 10 月，毛鑑於各地「反革命派」（主要指北方的安福系、研究系、聯治派、新外交系、買辦階級），對廣東工作有實行共產、英俄夾攻、內訌自殺等造謠誣衊之言論，親自草擬一份通告，說明宣傳部應付要旨，決定由該部出版週報，內容以十分之九作事實敘述，十分之一為辯正的議論，散發各地，「對外為反攻的宣傳，對內為切實的解釋」。（117 次議會紀錄）。這就是毛任內正式出版的《政治週報》。二、為了打通黨宣傳機器的血脈，毛要求各執行部、省黨部、特別市黨部之各宣傳部與中央宣傳部連成一氣，下級按月彙報工作詳情，中宣部則計畫在上海設立交通局對北方作連絡據點（118 次會議紀錄）。三、毛主持的中宣部，此時規劃印製《民族主義》、《民生主義》、《汪精衛演講集》、《三民主義淺說》各萬本發散，同時討論了三民主義編入教科書案。此時代理國民黨宣傳部長的毛，態度算穩重。四、1925 年下半年之後，國民黨內國共糾紛屢起，反共風潮時生，

跨黨的毛又如何應付？基本上，毛是以跨黨者與國民黨
左派結合共同應付國共關係。1925 年 10 月初甫上任，
他即偕陳公博參加中共外圍新學生社大會，13 日參加
113 次中執會討論戴季陶反共小冊風波的解決，會議結
論是撇清黨意與戴個人無關，毛則主張請戴離開上海是
非之地，前來廣州工作。11 月下旬西山派率先在北京
舉行一屆四中全會，大動作反共，主張容共的廣州中
央不能示弱；12 月 4 日，125 次中執會通過毛起草的
「闡明容共意義及斥西山會議派」的通告，歷數「懶
惰右傾黨員」及「叛黨者」之罪過，重申在帝國主壓迫
下，「若吾黨之革命策略不出於聯合蘇俄，不以占大多
數之農工階級為基礎，不容納主張農工利益的共產分
子，則革命勢力陷於孤單，革命將不能成功。」進一步
把黨人劃分為革命與反革命勢力，以便作殊死鬥。毛在
文中雖沒對社會作階級分析，但同一時間，在另一文章
中，毛已把國民黨地主階級及買辦階級視為右派代表，
以階級作社會分析的角度已見端倪。[16] 同一時期，中執
委指責上海的《民國日報》被「反動分子盤據，大悖黨
義」。12 月中旬，左派人士要求查辦，12 月 29 日，毛
以中宣部代部長向 130 次中執會提出報告，否認該報為
黨報，並擬另辦新報。接著毛忙著籌辦國民黨即將在廣
州舉行的二大，並受命在二大中作宣傳工作報告。可見
在國民黨左派眼中，毛還算是很有份量的幹部。

---

16 1925年12月1日，毛澤東用階級概念發表〈中國社會各階級的分
　析〉，參見李戡，《國民黨員毛澤東》，頁212-219。

這段時間，毛澤東廣州國民黨中央擔任宣傳要職、在上海執行部主持文書庶務工作、在湖南家鄉辦黨、搞宣傳、運動群眾、拓展黨組織，這些經驗，不能說對他日後的政治生涯沒有幫助。

五

1924 年改組後的國民黨，繼承了中華革命黨時期的革命精神，並以服從總理和建國三階段論的革命方略，同時吸收了俄共革命經驗，開始重視組織訓練、推進群眾運動、設立文武黨校，建立黨化、政治化的主義兵和黨軍。在黨外「反赤」，黨內「反共」的氛圍中，孫中山以黨魁威信執行聯俄容共政策，並在中共黨團活動暗潮中，接受包括俄共軍政顧問及盧布和軍火的援助。孫中山及其黨，在尋求外援聲中，聯合軍閥以反軍閥，同時喊出反帝國主義、反軍閥的口號，其手段、方法均稱詭譎。國民黨因此在黨組織型態及內容，由「革命黨」兌變為「革命政黨」，精神幾為之煥然一新。「三民主義」及「國民革命」遂成為中國前途的目標及手段。

當然，1924 年國民黨一大及第一屆中央執行委員會，在「以俄為師」的方向下，採取聯俄容共政策，並逐步走向黨國體制，所謂俄化、黨化，其得失之間，在歷史研究中仍有大大的爭議空間。然而，國民黨由黨員疏離、組織散漫到能掌控政治全局，由侷促一隅到一黨獨大，由個力到黨力的表現，都屬可圈可點。在此同時，黨統分裂、派系爭奪、國共對抗、絕俄分共，從

「共同奮鬥」到視如寇讎，[17] 卻又可能是長遠優勢的致命傷。

　　1954 年 6 月，在臺北的中國國民黨中央秘書處曾編印出版了這一套《會議紀錄》，可惜多所省略。本社特別據原始會議紀錄進行比對，因此篇幅增加，分裝四冊。相信學界對此一慎重其事的「存真」出版態度，一定會格外肯定。這套《會議紀錄》中涉及的許多文件，多半可以在黨史館的「漢口檔案」及「五部檔案」中尋得。當然，這套紀錄不可能提供改組的所有黨務更革資料，例如聯俄時期的經費來源問題，《會議紀錄》固然也有不少黨部經費報告，但俄援如何到來？到來數字有多少？中方資料始終晦莫如深，這只能求諸其他檔案的補充。近年，莫斯科俄國檔案陸續開放、出版，其中有許多當年情報、文件，如今已迻譯為中文，如能有更多昔為極機密。今已公開的不同語文資料參照比對，歷史當會更加透明。史家多半野心十足，常期待打開潘朵拉盒子，以解開更多的歷史之謎，這，往往是他們的奢求。

---

17 1925年 12 月 31 日中執會 131 次會中，汪精衛提案以第二次全國代表大會名義贈送鮑羅廷鑲有「共同奮鬥」銀鼎，獲得通過。諷刺的是次年 7 月，汪武漢政權便把鮑給趕回蘇俄。

編輯凡例

一、本書收錄中國國民黨 1924 年至 1925 年於廣州召開
　　之第一屆中央執行委員會會議紀錄。

二、古字、罕用字、簡寫字、通同字，若不影響文意，
　　均改以現行字標示，恕不一一標注；無法辨識或漏
　　字者，則改以符號■表示。

三、本書改原稿之豎排文字為橫排，惟原文中提及
　　「左」、「右」等方向性文字皆不予更動。

目　錄

委員名單

　　民國十三年一月三十一日，中國國民黨第一次全國代表大會第十六次會議選舉中央執行委員、候補中央執行委員、中央監察委員及候補中央監察委員當選名單。

中央執行委員
二十五人

孫總理	胡漢民	汪精衛	張靜江	廖仲愷	李烈鈞
居　正	戴季陶	林　森	柏文蔚	丁惟汾	石　瑛
鄒　魯	譚延闓	覃　振	譚平山	石青陽	熊克武
李守常	恩克巴圖	王法勤	于右任	楊希閔
葉楚傖	于樹德

候補中央執行委員
十七人

邵元冲	鄧家彥	沈定一	林祖涵	茅祖權	李宗黃
白雲梯	張知本	彭素民	毛澤東	傅汝霖	于方舟
張葦村	瞿秋白	張秋白	韓麟符	張國燾

中央監察委員
五人

| 鄧澤如 | 吳稚暉 | 李石曾 | 張　繼 | 謝　持 |

候補中央監察委員

五人

蔡元培　許崇智　劉震寰　樊鍾秀　楊庶堪

第一次會議

十三年一月三十一日　廣州

中央執行委員、中央監察委員、候補中央執行委員、候補中央監察委員會議

到會者：孫總理　汪精衛　廖仲愷　居　正　林　森
　　　　柏文蔚　丁惟汾　石　瑛　鄒　魯　譚平山
　　　　李大釗　王法勤　恩克巴圖（中央執行委員）
　　　　沈定一　林祖涵　茅祖權　李宗黃　張知本
　　　　彭素民　毛澤東　傅汝霖　張葦村　瞿秋白
　　　　張秋白（候補中央執行委員）
　　　　鄧澤如　謝　持（中央監察委員）
　　　　劉震寰（候補中央監察委員）

主席：孫總理
臨時書記：譚平山

報告事項
俄代表加拉罕覆電。

討論事項
一、中央執行委員會常務委員推定問題。
理由：依照黨章，中央執行委員會應互選常務委員三人，辦理日常黨務。
決議：用推舉法推定廖仲愷、戴季陶、譚平山三人為常務委員。

二、中央執行委員會各部組織問題。

理由：依照黨章，中央執行委員會應設立秘書處，並
　　　組織本黨之中央機關各部。

決議：中央執行委員會應設下列各機關：

（一）秘書處，

（二）組織部，

（三）宣傳部，

（四）工人部，

（五）農民部，

（六）青年部，

（七）婦女部，

（八）調查部，

（九）軍事部。

說明：中央執行委員會所在地，應設一秘書處及八部。
　　　上海、北京、漢口三處執行部，不設軍事部；關
　　　於軍人軍事事項，應由調查部秘書處理之。其餘
　　　四川、哈爾濱兩地，應否分設各部，俟中央執
　　　行委員會到該地體察情形後，報告於中央執行
　　　委員會決定之。

三、中央執行委員會分配各地問題。

理由：原議除廣州是中央執行委員會所在地外，其餘
　　　特別區，如上海、北京、哈爾濱、四川皆派遣
　　　中央執行委員會到各地組織執行部，指揮監察
　　　各地黨務之進行。

決議：中央執行委員會委員及各地執行部委員分配

如下：

（一）中央執行委員會——地址在廣州。

    1. 中央執行委員：廖仲愷、李烈鈞、戴季陶、譚延闓、楊希閔、鄒魯、柏文蔚、林森、譚平山。

    2. 候補中央執行委員：鄧家彥、李宗黃、林祖涵、彭素民。

（二）北京執行部

    1. 中央執行委員：李守常、石瑛、于樹德、王法勤、丁惟汾、恩克巴圖。

    2. 候補中央執行委員：于方舟、張葦村、韓麟符、張國燾、傅汝霖、白雲梯。

（三）四川執行部

    1. 中央執行委員：熊克武、石青陽。

說明：四川執行部推定中央執行委員四人，現只有二人，其餘二人尚未定。

（四）上海執行部

    1. 中央執行委員：胡漢民、汪精衛、葉楚傖、于右任、張靜江。

    2. 候補中央執行委員：毛澤東、邵元冲、沈定一、茅祖權、瞿秋白。

（五）漢口執行部

    1. 中央執行委員：覃振。

    2. 候補中央執行委員：張知本。

（六）哈爾濱執行部

    1. 中央執行委員：居正。

　　2.候補中央執行委員會：張秋白。

四、關於監察委員會之決議案。

（一）監察委員擬定駐地如下：

　　1.駐粵監察委員：鄧澤如、劉震寰、許崇智、
　　　樊鍾秀、楊庶堪。

　　2.駐滬監察委員：張繼、吳稚暉、謝持。

　　3.駐京監察委員：李石曾、蔡元培。

（二）監察委員會設在廣州，有二人以上到會即得
　　開會。

（三）監察委員專監察各地黨部及黨人行動，調查事
　　實，開列報告於中央執行委員會或各地執行
　　部，有地方執行部不能解決者，必須提交於中
　　央執行委員會。

（四）上級機關監察委員，對於下級機關，有發出訓
　　令之權。

（五）監察委員一人，亦可行使監察職權。

五、中央執行委員會及各地執行部直接管轄區域問題。

決議如下列：

（一）歸中央委員會直接管轄者：廣東、廣西、雲南、
　　福建。

（二）歸北京執行部管轄者：直隸、山西、山東、熱
　　河察哈爾綏遠三特別行政區、河南、甘肅、新
　　疆、青海、內蒙。

（三）歸上海執行部管轄者：江蘇、安徽、浙江、
　　江西。

（四）歸漢口執行部管轄者：湖北、湖南、陝西。

（五）歸四川執行部管轄者：四川、貴州、西藏。

（六）歸哈爾濱執行部管轄者：東三省、外蒙及北方
　　　國外。

六、莫斯科設通訊處問題。

決議：莫斯科設一通訊處，直轄於中央執行委員會，
　　　其通訊地點如下：

　　　Doccwe

　　　Москва

　　　певческая ул 53

　　　Чжао-Ши-жн

　　　趙世炎君

七、各地執行部與中央執行委員會干要問題。

決議：派出各地之中央執行委員，對於中央執行委員
　　　會負責，對於地方執行部，依照黨章，有監督
　　　指揮之權。

八、經費問題。

決議：由總理派定李守常、居正、廖仲愷、汪精衛、
　　　謝持、鄧澤如、石瑛共七人為預算委員會委
　　　員，組織預算委員會，製定中央執行委員會、
　　　各地執行部、監察委員會等機關之經費預算。

第二次會議

十三年二月一日

到會者：鄒　魯　廖仲愷　居　正　林　森　丁惟汾
　　　　樊鍾秀　汪精衛　沈定一　茅祖權　傅汝霖
　　　　譚平山　李守常　白雲梯　張秋白　李宗黃
　　　　王法勤　張知本　張葦村　恩克巴圖
　　　　林祖涵　毛澤東　韓麟符　彭素民　于樹德
　　　　于方舟

臨時主席：廖仲愷
臨時書記：譚平山

報告事項

一、宣讀第一次會議紀錄。

二、報告監察委員會委員因開會時間相同，不能到會。

討論事項

一、本黨各執行部、地方黨部對外態度，其問題如下：

　　甲、收回租界問題；

　　乙、取消領事裁判權問題；

　　丙、自管關稅問題；

　　丁、庚子賠款問題。

理由：本黨宣言中，對於以上四個問題，已有明白表
　　　示，各地黨部應該如何宣傳及運動，亟應預備
　　　進行方法，應如何整齊各地黨員之行動。

決議如下：

（一）先搜集以上四個問題之沿革，及現在中國所受
　　　之影響，編成各種出版物，向全國人民宣傳，
　　　使之了解本黨宣言所以規定四個問題之原因，
　　　並本黨在國民革命中所負之責任，且使人民知
　　　道欲解決以上四個問題之困難，必要國民黨革
　　　命成功，方有希望。

（二）組織對外委員會，擔任（一）項責任，並同時
　　　推定鄒魯、于樹德、廖仲愷三同志為對外委員
　　　會委員。

（三）對外委員會得用對外委員會名義，聘請專門家
　　　為對外委員會委員，共同組織對外委員會。

（四）關於以上四個問題之出版，限一月內編成。

二、本黨各執行部、地方黨部對內態度其題目如下。

對廣州政治財政統一問題

理由：廣州為最高黨部所在地，與全國革命有極大關
　　　係，目下廣東政治財政未能統一，亟應設法統
　　　一，使吾黨革命根據地趨於鞏固，方能全力以
　　　策全國革命之進行。

決議：以中央黨部名義建議於本黨總理。

三、各省黨務進行計劃。

理由：現在大會已經閉會，各地代表應預備各返當
　　　地，進行黨務，亟應討論進行方法。

決議：

1. 由中央黨部分日召集各地代表開會討論，其時間及分配如下：

二月二日上午十時北京執行部及所屬各地代表會議。

同日下午三時哈爾濱執行部及所屬各地代表會議。

二月三日上午十時漢口執行部及所屬各地代表會議。

同日下午三時上海執行部及所屬各地代表會議。

二月四日上午十時中央執行委員會直接管轄區域代表會議。

同日下午三時海外代表會議。

2. 各省黨務進行計畫草案。

說明：此草案係由二月一日中央黨部會議談話之結果，而非決議案。

各地代表分區會議時，即以草案為討論標準，徵集各地代表意見，製成議案，彙齊提出下次中央黨部會議。

各省黨務進行計劃草案

（一）各省設臨時省執行委員會，由中央執行委員會派委員組織之。

（二）臨時省執行委員會，受中央委員會或各該區域內執行部之指揮，辦理本省黨務。

（三）臨時省執行委員會，對於黨務進行方法擬定

如左：

1. 先擇重要市鎮及重要縣份，設立臨時市或縣執行委員會。

2. 市或縣執行委員會，在所屬區域內，設立各區分部。

3. 市或縣執行委員會，於所屬區域內有三個區分部以上正式成立時，得召集各區分部黨員大會，或代表大會，組織區黨部，有三個區黨部正式成立時，由臨時省黨部召集全市或縣黨員大會，或代表大會，組織正式市或縣黨部。

4. 省內有五個市或縣正式黨部成立時，應由中央執行委員會或各地執行部召集全省代表大會，組織正式省黨部。

（四）臨時省執行委員會，對於所屬區域內設置各級黨部，應開具計劃報告於中央執行委員會或各地執行部，得其批准方能設置。

（五）臨時市或縣執行委員，應由中央執行委員會或各地執行部指派。

（六）各地臨時黨部執行委員之名額擬定如下：

1. 臨時省黨部執行委員七人至九人；

2. 臨時市或縣黨部執行委員五人至七人；

3. 區黨部執行委員三人至五人；

4. 區分部執行委員照章三人。

（七）成立時間

一個月內臨時省執行委員會成立。

五個月內正式省黨部成立。

以到該地之日計算，如在預定期間仍不能成立者，應改派員籌備。

派出籌備員應於一星期內啟程，前赴該地籌備。

以上第七項，係二月二日上午十時中央黨部及北京執行部所屬區域各地代表會議之結果。

第三次會議

十三年二月六日

到會者：孫總理　廖仲愷　汪精衛　傅汝霖　沈定一
　　　　鄧澤如　張秋白　居　正　于方舟　王法勤
　　　　林　森　李守常　譚平山　張葦村　謝　持
　　　　毛澤東　茅祖權　丁惟汾　韓麟符　張知本
　　　　于樹德　恩克巴圖
　　　　鄒　魯　彭素民　林祖涵

主席：孫總理
書記：譚平山

報告事項

一、宣讀第二次會議紀錄。

二、宣佈各區談話會結果大概。

三、各省臨時省執行委員會籌備員之派定：

山東省一人：王樂平。

直隸二人：李永聲、于方舟。

山西省二人：苗培成、韓麟書。

內蒙古二人：白雲梯、克興額。

察哈爾一人：恩克巴圖。

綏遠一人：烏勒吉。

熱河二人：陳鏡遠、韓麟符。

湖南一人：夏曦。

福建一人：許卓然。

　　湖北一人：劉伯垂。

　　江蘇二人：劉雲昭、張曙時。

　　浙江一人：沈定一。

　　安徽二人：李次宋、曹似冰。

　　江西二人：趙幹、鄧鶴鳴。

其餘各地，則由所在之中央執行委員會或執行部決
定之。

討論事項

一、各省黨務進行計劃案。

決議：依據修正草案依次決議。

各省黨務進行計劃決議案

說明：此修正草案，係根據二月一日中央黨部會議所
　　　擬定之各省黨務進行計劃草案，經由中央執行
　　　委員會，分日所召集之北京執行部及所屬各地
　　　代表、哈爾濱執行部及所屬各地代表、漢口執
　　　行部及所屬各地代表、上海執行部及所屬各地
　　　代表、中央執行委員會直接管轄區域代表，五
　　　個談話會所得之結果，彙合各種意見，略加整
　　　理與說明，製成修正草案，經提出中央執行委
　　　員會第三次會議議決。其條文如下：

　　　（一）各特別區之範圍，由所在地之中央執行委
　　　　　　員會或執行部自行決定之。

　　　（二）各特別區黨部之組織，由所在地之中央執
　　　　　　行委員會或執行部直接辦理之。

　　　（三）各省設臨時省執行委員會，由所在地之中

央執行會或執行部派員籌備組織之。

（四）臨時省執行委員會籌備員之人數為一人至
二人。

（五）派出之籌備員，應於一星期內啟程前赴該
地籌備。

（六）臨時省執行委員會之成立期間，預定為一
個月，正式省執行委員會之成立，預定為
五個月；如在預定期間不能成立者，應改
派員籌備，但期間之計算，應以籌備員到
該地之日起計。

（七）臨時省執行委員會之產出，應由派出之籌
備員到各該地召集黨員會議，推定臨時省
執行委員會委員，介紹於所在地之中央執
行委員會或執行部請其指派。

（八）臨時省執行委員會，受所在地之中央執行
委員會或執行部之指揮，辦理本省黨務。

（九）臨時省執行委員會，對於黨務進行方法，
擬定如左：

1. 先擇重要市鎮及重要縣份，設立市或縣
臨時執行委員會。

2. 市或縣臨時執行委員會，在所屬區域內
設立各區分部。

3. 市或縣臨時執行委員會於所屬區域內，
有三個區分部以上成立時，得召集各區
分部黨員大會或代表大會，組織區黨
部，有三個區黨部成立時，由臨時省黨

部召集全市或縣黨員大會，組織正式市
或縣黨部。

4. 省內有五個市或縣正式黨部成立時，應
由所在地之中央執行委員會或執行部，
召集全省代表大會，組織正式黨部。

（十）未成立區黨部地方之區分部，直隸於市或
縣黨部。

（十一）未成立市或縣臨時執行委員地方之區分
部，直隸於臨時省執行委員會。

（十二）臨時省執行委員會，對於所屬區域內設置
各級黨部，應開具計劃，報告於所在地之
中央執行委員會或執行部，得其批准方能
設置。

說明：本條關於黨部之設置計劃，其程序
擬定如左：

1. 臨時省執行會於省內應擇重要區域，如
某地是工人運動中心、某地是學生運動
中心、某地是農民運動中心等，或某鎮
某縣是特別重要，應當先行組織黨部，
開具理由製定設置計劃。

2. 在一市鎮、一縣區域內，應由省臨時執
行委員會，或委託市或縣臨時執行委員
會，於區域內先行劃分全市或全縣為若
干區（或照原定之行政區），此劃定區
域，每一區域只能成立一區黨部。

3. 於區黨部區域之內，分設區分部，三個

　　　　　　　區分部成立區黨部。

　　　　4. 第九條 3. 項所謂：於所屬區域內有三
　　　　　　個區分部以上成立者，即所屬中一個區
　　　　　　黨部之區域內有三個區分部成立，並不
　　　　　　是一市一縣有三個區分部成立，不問是
　　　　　　否同屬於一個區黨部之區域，即可成立
　　　　　　區黨部。

（十三）市或縣臨時執行委員會，應由省臨時執行
　　　　委員會派員籌備組織之，同時報告於所在
　　　　地之中央執行委員會或執行部。

（十四）臨時市或縣執行委員會委員之產出，應由
　　　　省臨時執行委員會所派出之籌備員，到各
　　　　該市或縣召集黨員會議，推定臨時市或縣
　　　　執行委員會委員，介紹於臨時省執行委員
　　　　會，請其指派。

（十五）各級黨部執行委員會委員之名額擬定如下：
　　　　1. 臨時省執行委員會委員七人至九人；
　　　　2. 臨時市或縣執行委員會委員五人至七人；
　　　　3. 區黨部執行委員會委員三人至五人；
　　　　4. 區分部執行委員會委員照章三人。

二、海外黨務方案。

決議：依據海外代表談話會之結果依次決議。

海外黨務方案

（一）中央執行委員會設一海外部。

（二）統轄問題：

總支部管轄支部，支部管轄分部，分部管轄區分部。向來與分部平列之通訊社，一律改為分部。受分部所管之通訊社，一律改稱區分部。

（三）總支部設置問題：

1. 加拿大總支部——地址在溫哥華。

2. 三藩市總支部——地址在三藩市。

3. 古巴總支部。

4. 檀香山總支部。

5. 墨西哥總支部。

6. 澳洲總支部——地址在雪梨。

7. 菲律濱總支部。

8. 安南總支部。

9. 暹羅總支部。

10. 緬甸總支部。

11. 日本總支部——地址在東京。

12. 香澳總支部——地址在香港。

13. 南洋總支部——地址在廣州。

14. 英國總支部——地址在利物浦。

15. 印度總支部。

16. 南美總支部。

17. 法國總支部。

18. 南非總支部。

（四）組織變更問題：

1. 既有之執行部改為執行委員會，部長改為主席。

2. 現有之評議會，改為監察委員會。

3. 懇親大會改為代表大會，每三年開會一次，
每年應選舉之執行委員及監察委員，得用通
信選舉。
（五）關於菲律濱總支部之設置，應由現行之第一支
部、第二支部，共同派員組織之。

三、中央執行委員會及上海、北京、哈爾濱等執行部組
織及預算案。
依據預算委員會提出案決議，並增加數目如下：
（一）中央執行委員會宣傳部，增加檢閱外國報一
人，月薪一百二十元。
（二）北京執行部宣傳部，增加檢閱外國報一人，
月薪一百二十元。
（三）上海執行部宣傳部，增加檢閱外國報一人，
月薪一百二十元。
（四）哈爾濱執行部，房租每月增加一百元，並增
加包車費每月一百元。
其餘各項照原案通過，全文俟各地預算案正式通過
後，另行彙齊編製。

四、中央監察委員會預算案。
第一　廣州
監察委員一人　　月薪三百元
秘書一人　　　　月薪一百二十元
幹事六人　　　　月薪四百八十元（每人八十元）
雜役二人　　　　每月工食二十四元（每人十二元）

紙筆墨郵電雜費　　一百元

旅費預備　　　　　1,024

共計　　　　　　　壹仟伍佰元

第二　上海

監察委員三人　　　月薪九百元（每人三百元）

幹事三人　　　　　月薪二百四十元（每人八十元）

雜費　　　　　　　六十元（每委員預算二十元）

共計　　　　　　　壹仟貳佰元

第三　北京

監察委員一人　　　月薪三百元

幹事一人　　　　　月薪八十元

雜費　　　　　　　月薪二十元

共計　　　　　　　肆佰元

以上總數　　　　　參仟壹百元

五、雜誌週刊經費案

甲、民生週刊	北京	每月共八百元
乙、新民國雜誌	北京	
丙、新建設雜誌	上海	每月六百元
丁、革命評論	廣州	每月六百元
戊、國民黨週刊	廣州	每月壹仟元

六、國民黨週刊編製改定案。

決議：照原案通過，其條文如下：

國民黨週刊編製改定案

（一）改為冊本，以便保存。

（二）分欄：

　　　1. 主要社論。

2. 言論：

(1) 黨內言論

(2) 黨外言論。

3. 本黨消息：

(1) 中央消息

(2) 各地消息。

（三）材料之供給：

1. 關於黨內黨外言論，由中央執行委員會宣傳部供給之。

2. 關於本黨消息，由中央執行委員會常務委員供給之。

以前所出版者，一律擇要裝訂成冊本。

七、黨務常會定期案。

決議：

1. 常務委員會議，定每日開會一次，時間上午十時至十一時。

2. 中央委員會會議，每星期開會兩次，時間為星期三、星期六下午七時至十時，地址星期三在中央執行委員會，星期六在大本營。

八、軍官學校學生來粵川資案。

決議：如下

1. 從上海來粵者，每人給川資三十元。

2. 從遠處先經上海始能來粵者，每人加給十元。

以上兩項川資，在上海發給。

附：解釋案

監察委員謝持提出：

（一）距大會開會期尚遠時，如中央監察委員對於中央
　　　執行委員會，或各地執行部，或中央執行委員
　　　之行為，認為有應行彈劾者，當如何辦理。

（二）上海有中央監察委員三人，可否開委員會。

以上二事，應請中央執行委員會解釋。

中央執行委員會解釋如下文：

1. 關於第一項，章程如有規定，依規定；如無規定者，
　 可向總理提出。

2. 關於第二項，照決議案，當然可以開會。

第四次會議

十三年二月九日

到會者：孫總理　鄒　魯　謝　持　居　正　彭素民
　　　　李宗黃　柏文蔚　林祖涵　譚平山　楊希閔
　　　　茅祖權　張知本　林　森　白雲梯　傅汝霖
　　　　鄧澤如　張秋白

主席：孫總理
書記：譚平山

報告事項
一、宣讀第三次會議紀錄。

討論事項
一、重要市、縣黨部，及區黨部，宜有經費補助案。
　　（毛澤東提出）
理由：經費斷不宜只用於中央與省之間兩個高級黨部
　　　（空洞的黨部），市縣黨部、區黨部之二級（實
　　　在的黨部），非補助經費必無辦法，必難發
　　　展，因黨員所納之月捐，至多只能供給區分部
　　　之用費（區分部委員會生活費及活動費），不
　　　能提供區黨部，更不能提供市黨部縣黨部，而
　　　市縣黨部及區黨部，為本黨指揮黨員行動最扼
　　　要的機關，若這兩級黨部沒有力量，必至全黨
　　　失掉了力量。惟普遍補助，需費太多，補助窮

僻不重要地方黨部，實亦沒有意義，宜擇有工
人、農民、學生、商人等群眾運動實際工作之
市縣區黨部，補助經費，此等黨部之須補助經
費，較之省黨部須補助經費，更為緊要，省黨
部若不兼所在地市黨部，則專用鉅額經費，殊
無充足理由。

決議：交預算委員會審查。

二、本年內各省省黨部亦兼理所在地之市黨部，中央及
　　各地執行部宜兼理所在地之特別區黨部案。（毛澤
　　東提出）

理由：省黨部在最近二、三年內（至少本年內），必須
　　　兼理所在地之市黨部，這個省黨部才有事做，經
　　　費才不虛糜，人才才夠分配，事權才不衝突。例
　　　如湖南省黨部若不兼理長沙市黨部，在本年內他
　　　所管轄的至多不過五、六個市縣黨部，及七、八
　　　個直轄之區黨部或區分部，而除長沙外，實在皆
　　　不甚重要。這樣的省黨部，必是一塊空的招牌，
　　　徒然虛糜經費，真肯做事的人才必願在市黨部，
　　　賢者在下，不賢者在上，容易發生衝突；省黨部
　　　無事做，必至常常侵及所在地市黨部的權限，也
　　　會發生衝突。依此理由，省黨部實有兼理所在地
　　　市黨部之必要，一年或數年後，黨務發達，省黨
　　　部以下有十個以上較重要的市縣黨部屬他管轄，
　　　事務加多了，才有不兼所在地市黨部之必要。
　　　至中央及各地方執行部，在本年內宜兼理所在地

之特別市黨部，除上述理由外，更有須辦出個模
範給全國看之理由。大會前臨時中央時代，在廣
州、上海兩處已經試行，因此，兩處才有較好的
成績，最是明證。

決議：應照章程組織，此案不能成立。

三、中央執行委員會及各地執行部，實際組織時，應注
　　意事實上之需要案。（毛澤東提出）

理由：中央及京、滬、哈、漢四執行部，組織幹事以上
　　　職員共有六十餘人，大會後半年內，斷不須設置
　　　職員如此之多，因為：

　　　（一）地方黨務方面在開始，中央及執行部事務
　　　　　　必不甚多。

　　　（二）宜以全力發展下級黨部，不宜將黨裡人才
　　　　　　盡聚在最高級黨部。

　　　（三）此刻決找不到如此多的有用之人，濫竽充
　　　　　　數，則全失本意，因此中央及各執行部到
　　　　　　實際組織時，宜看事實上的需要，事實需
　　　　　　要一部才開一部，需要一人才用一人。

決議：交中央執行委員會參考。

四、本年內地方組織宜分別輕重緩急，立定一計劃案。
　　（毛澤東提出）

理由：地方組織，不宜務廣，宜擇重要地方若干處立定
　　　一計劃，集中人力財力於此，一年內專心致志於
　　　此等地方，辦出個頭緒來，到第二次大會，方有

實際效果，可著本年內應該專力的地方，應把列成兩等，第一等最重要而現時有發展之可能者，如上海、北京、廣州、漢口、哈爾濱……等至多八、九處，宜用十分之七的力量（人力財力）去做。第二等次重要而現在有機會著手者，如太原、安慶、杭州、南昌……等至多十一、二處，用十分之三的力量去辦。此外各地如無可為機會，在本年內均可不注意，以免分散精力，得不到好結果。

決議：交中央執行委員會參考。

五、中央執行委員會委員之薪水有核減之必要案。（沈定一提出）

理由：

（一）省以下各黨部之生活難。

（二）引起青年對於革命事業之異感，擬「1. 凡月得二百元以上之有給公職者不支薪。2. 中央執行委員之薪水，多不得逾二百元為限。」是否請採納酌量。

決議：經已將預算案全卷呈請總理最後裁定。

六、黨費減收條例。（譚平山提出）

本黨為盡量吸收革命份子起見，關於黨費之減收，特定條例如左：

（一）在校肄業學生，每月黨費徵收減至一角。

（二）每月工金不足二十元之工人，每月黨費徵收減至

一角。

（三）窮困之佃戶及雇農，與在營之兵士，特別窮苦之
　　女工，每月黨費徵收至低限度減至銅元三枚。

（四）關於第一、第二兩項黨費之減收，及第三項黨費
　　之應否減至最低限制，須由該黨員向所屬區分
　　部請求經該區分部證明，報告於黨部，得其許
　　可，方為有效。

決議：照原案通過。

七、廢除騈枝機關及淘汰冗員案。（沈定一提出）

理由：

（一）本黨既主張不妥協的革命，絕非從前在國議會和
　　政府中取得較多席次時的運動可比，十三年來，
　　汙濁政海中所飄泊的腐枝朽屑，向來以東合西宿
　　為生活的政妓，斷不再事容納。

（二）本黨既站在代表國民利益的礎石上，樹革命之
　　旗，凡黨部和政府所消費的，涓滴都是國民的
　　膏血，如今財政支出的狀況已經到了極度，而
　　從前遺留下來騈枝機關中所有的人物，十有九
　　是前面所指的政妓居多，本黨斷不宜再以國民
　　膏血豢養這一般人。

基上述理由，請將騈枝機關之類及冗員，一例廢除，儘
數淘汰，其中不無為黨為國效忠效命之人才，應由中央
監察委員嚴加甄別，量能受事，照此實行，不但國民擔
負不致虛糜，而且革命旗幟更能得多數國民的認識與擁
護，腐肉不割，適害新肌，請中央執行委員會諸同志採

納施行。

決議：轉呈大元帥。

八、軍官學校學生來粵旅費修正案。（秘書處提出）

（一）由蘇、浙來粵二十元。

（二）由皖、魯、贛、鄂等省經滬來粵加一十元。

（三）由川、湘、豫、京、奉、晉、陝等省經滬來粵加二十元。

決議：照此案通告執行部。

九、各機關印信製法。（秘書處提出）

1. 印文

中央：

中國國民黨中央執行委員會之印。

中國國民黨中央監察委員會之印。

各地執行部：

中國國民黨中央執行委員會（上海、北京、漢口、四川、哈爾濱）執行部印。

省黨部：

中國國民黨○○臨時省執行委員會印

中國國民黨○○臨時省監察委員會印

（但綏遠、察哈爾、熱河、蒙、藏等處略去省字）

特別市：

中國國民黨○○特別市臨時執行委員會印

中國國民黨○○特別市臨時監察委員會印

縣及市：

中國國民黨○○臨時縣執行委員會印

中國國民黨○○臨時市執行委員會印

中國國民黨○○臨時縣監察委員會印

中國國民黨○○臨時市監察委員會印

區黨部：

中國國民黨○○縣第幾區黨部印

中國國民黨○○市第幾區黨部印

區分部：

中國國民黨○○縣第幾區黨部印

中國國民黨○○市第幾區黨部印

2. 方式

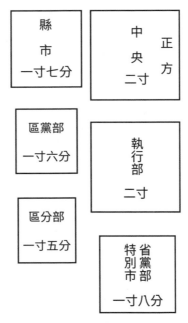

附記：（1）各印邊寬照正方十分之一，

（2）印文朱篆，

（3）分寸照營造尺，

（4）印用石質（但臨時可用木質），

（5）省黨部正式成立，印文刪臨時二字。

3. 頒發手續

　由中央執行委員會或各地執行部頒發。

決議：照原案通過。

十、臨時省黨部所在地之市黨部組織案。（譚平山
　　提出）

決議：臨時省黨部所在地之市鎮，不另設臨時市執行委
　　　員會，所有該市鎮黨部之組織，由所在地之臨
　　　時省執行委員會直接從區分部組織之，直至正
　　　式市黨部之成立為止。

第五次會議

十三年二月十三日

到會者：孫總理　鄒　魯　林祖涵　白雲梯　茅祖權
　　　　譚平山　彭素民　廖仲愷　居　正　林　森
　　　　恩克巴圖

主席：孫總理
常務委員：譚平山

報告事項

一、宣讀第四次會議紀錄。
二、預算委員會第二次會議結果。

討論事項

一、國民政府組織問題案。（全案原文如下）
　　國民政府組織問題案。（譚平山提出）
　　　　本黨第一次全國代表大會，經將「組織國民政府之
　　必要提案」共同表決，內具條文如左：
一、國民黨當依此最小限度政綱——宣言內之政綱為原
　　則，組織國民政府。
二、國民黨當宣傳此義——宣言內所包含之義，於工商
　　實業各界及農民工人兵士與夫一般之群眾，使人人
　　知設統一國民政府之必要。
　　　　本委員觀察今日中國現象，認國民政府之組織為不
　　容緩之舉，且依據前列條文第一項，本黨既有完善之政

綱，必須有惟一工具，方能實現。現政綱之唯一工具就是政府。關於第二項，尤明白表示本黨政府組織基礎，建築於國民全體之上，故尤應有相當之準備，庶幾不致使代表大會決議案等諸具文，因此本委員特依據代表大會決議案：「國民政府組織之必要」重演其意義，並略示相當準備與方法如左：

我黨為中華民族獨立而奮鬥，為東方民族自由而奮鬥，自護國護法各役以來，連年革命，雖尚未成功，而於人民方面，已有深厚之同情，今更當深入民眾，為民眾真正利益繼續奮鬥。今日中國政治、經濟狀況之下，實有組織國民政府之必要。茲更分述其理由如下：

十二年前，我黨推翻滿清，創造共和，迄今中國尚未能造成一種新勢力，政治權力仍在軍閥手上，各省經濟生活，仍未能集中，國民經濟勢力之發展，仍未握取政權程度，因而造成武人割據政局，糾紛日甚一日，國內狀況已成無政府之態，人民心理因厭亂而莫辨是非，或趨於中立，但長此以往，群眾將失所領導。本黨為國民之領導者，負有歷史之使命，是宜創立國民政府，以為國民之瞻仰，國民政府所以當設立者，其理由一。

我國受帝國主義經濟上之操縱，生產無由發展，政府財政只靠外債維持，抵押殆盡，已到破產時期，北洋軍閥竊取政權以來，整理無策，及大借外債，增重人民負擔，非重建國民政府，不能恢復人民信仰，整理財政，國民政府所以當設立者，其理由二。

國民政府有組織之必要，既如上述，況本黨全國代表會議發出宣言及政綱，直接關係人民實際生活及答覆

人民切要需要，必將引起人民之同情，此皆待本黨所得政權以為實行本黨政綱之基礎，本黨於此時期，應急起而為政綱的奮鬥，當有相當準備：（一）文字上須有普遍之鼓吹，口頭上須有普遍之宣傳，使本黨口號深入群眾，邀取群眾之注意，激發群眾之熱情，使革命空氣得以日趨於濃厚。（二）本黨員為黨之政綱而奮鬥，為國之利益而奮鬥，須嚴格受黨之指揮，作黨之活動，對各分子尤須嚴密管理，剷除破壞分子及反動分子，俾本黨有鐵樣組織，本黨政策政綱經一致決定之後，本黨黨員皆須受黨之訓練，為國民真正利益而奮鬥，取得人民方面之信仰，本黨指揮下之軍人，須引起人民之同情，以表本黨為人民奮鬥之精神。

以上各點，應由中央黨部決定各種方略，指揮各級黨部所屬黨員，努力向前，並在此準備時間，黨人尤須恪守紀律，為一致整齊之行動。

本黨為國民之政黨，本黨之成功，在於國民之援助。本黨須於國民群眾之內努力，所得偉大之勢力，以為國民政府之基礎。國民政府之產生，當採用國民代表會議，由行政區域省區或縣區代表及職業團體代表共同組織之，以為國民革命之最高機關，如最近土耳其革命之例。惟國民代表會議組織之先，應明定綱領，以為號召，如蘇俄政府組織之例，庶幾使反革命分子不至乘機破壞，此皆所應注意者也。至國民政府之內容，則有吾黨總理孫先生國民政府建國大綱為根據，吾黨事前當有相當準備，屆時自然由計劃而見諸實行也。

決議：照原案通過，並定辦法如下：

（一）通告黨報及黨人所辦之報出特刊，並努力宣傳。

（二）通告各高級黨部轉知所屬黨部黨員，一致為本黨
　　　宣言而奮鬥，以獲得人民之同情，同時並從事
　　　實際準備。

二、志願書改正內容及樣式案。（常務委員提出）

提案樣式如下：

願書　　字第　　　號					
具願書人　　　願入					
中國國民黨服從紀律實行孫先生之三民主義五權憲法所有宣言總章及議決案恪守不逾謹具願書如左					
籍貫　　　省　　縣市　通訊處					
別號					
年歲					
職業					
經歷					
入黨				區分部	
		具願人			
		介紹人			
中　國　民　國			年	月	日
字第　　　號					
姓名　　介紹人					
中　國　民　國			年	月	日

決議：照提案通過。

三、黨員入黨表內容及式樣案。（常務委員提出）

決議：照提案略有修改，決定其式樣如下：

第　　　號（黨員入黨表）

1	姓名	
2	年齡	
3	籍貫	
4	性別	
5	結婚未	
6	家庭經濟地位	
7	嗜好（例如煙酒）	
8	職業	
9	專門技能或學術	
10	受過何等教育	
11	現在願為黨作何事	
12	將來願為黨作何事	
13	對於現社會的見解及態度	
14	對於本黨意見	
15	入黨時期	年　　月　　日
16	介紹人	
17	簽名	年　　月　　日
說明	黨員入黨時即由所屬區分部執行委員依上述各項詢問清楚代為填入或自行填入交區分部執行委員會考查以為區分部開大會時討論准予入黨之標準	

四、計劃南洋黨務意見書。（黨員江董琴提出）

決議：原案交海外部核辦。（原案文從略）

五、請派江偉藩、姚丹峯赴陝籌備黨務案。（陝代表劉
　　百泉等提出）

決議：交中央執行委員會核辦。

六、派周雍能赴菲律濱整理黨務，並組織總支部案。

決議：緩派；並先派周雍能在相當黨部練習辦事三月
　　　後，再定派遣何處。

第六次會議

組織部擬各種報告表，第六次無決議案，未有出版。

第七次會議

十三年二月二十日

到會者：李宗黃　彭素民　鄒　魯　覃　振　廖仲愷
　　　　林祖涵　張秋白　譚平山　林　森

主席：廖仲愷
常務委員：譚平山

討論事項

一、中央執行委員會各部職務草案

二、陸軍軍官學校考選學生簡章

三、中央執行委員會宣傳部通訊方法（秘書處擬定）

四、中央執行委員會各部辦事關係條例（秘書處擬定）

五、區黨部報告表

　　區分部報告表

　　區黨部調查表　　組織部製定

　　區分部調查表

六、工人黨員調查表（工人部製定）

七、農民黨員調查表

　　農民耕地調查表　　農民部製定　　並附說明

　　土地調查表

八、青年黨員調查表

　　青年黨員報告表　　青年部製定

　　學校調查表（共五張）

決議：

（1）廣州市區黨部組織已無設立之必要應即行裁撤，即由本會籌發本年一月津貼費以清手續。

（2）區黨部秘書津貼，本會因經費籌措不易亦即行取消，惟所欠本年一月份津貼費應早日籌定發給。

一、中央執行委員會各部職務概要草案。

中央執行委員會各部職務概要（第六次會議通過）

　　　　十三年二月二十日一屆中執會第七次會議通過

組織部

（一）本部重要任務，為對於本黨黨員之任負責工作者，須備有一個完密的及新近的記載，務使各個工作黨員能造益於本黨，此種黨員，須因其在黨中活動之性質，別為左列數種：

　　1. 組織員；

　　2. 宣傳員；

　　3. 演講員；

　　4. 編輯員；

　　5. 負責官吏，以為本黨得權地方之任用；

　　6. 省黨部執行委員會秘書（秘書資格限制須最嚴）；

　　7. 其他專門人材。

注意：關於每個工作黨員，須記載其私人生活及公眾生活之特質。因本黨之成功，全靠負責工作黨員革命性之完備，關於物色為黨活動之黨員，在各黨部任某種工作之手續，各黨部當請求中

央執行委員會秘書處指派人員如組織員、宣傳員、演講員等類，秘書處當要求組織部交出人名冊，以便推薦，呈請總理決定。

（二）考察執行部及省組織部關於組織上之工作，解釋本黨章程之意義，及解決各種關於章程之問題。

（三）修改執行部、各省執行委員會之度支表，並報告情形於中央執行委員會，如各省有特別工作時，得請中央執行委員會分撥款項，指派負責工作黨員，於某處活動，併得管理之。

（四）中央執行委員會關於組織事宜之議決案。

例如中央執行委員會議決，設立黨報，則黨報之組織事宜，由組織部或執行部執行之。

至關於黨之政策之報上言論，則屬於宣傳部之事，由宣傳部供給資料。

宣傳部

（一）供給本黨宣傳資料於各地黨報。

（二）印行文字宣傳品，解釋本黨宣言，及印行其他關於黨的文字宣傳品，如小冊子或傳單，向人民宣傳。

（三）設辦黨校，編定教授課程、演講綱目及宣傳小本，以備宣傳員之用。

（四）指揮執行部及省黨部之宣傳部，務使宣傳言論能得一致。

（五）印發領袖人物相片。

注意：倘宣傳部需用人員，如演講員、編輯員之類時，得向組織部要求介紹，並聲明所需要人員之

資格。

（六）對於黨報及關於黨的宣傳性質之品類，由本部
　　　負責審定及檢閱，並糾正其對於政策及方法之
　　　錯誤，與訓示進行方針。

工人部

（一）搜集工人狀況、工人經濟組織、工人組織之目
　　　的，及組織之系統、工人經濟鬥爭狀況、工人
　　　所獲得之條件、海外工人狀況等各種報告。

（二）起草社會立法案，並鼓吹之，其鼓吹方法，或
　　　用報紙，或用黨辦學校，或用小冊子傳單等，
　　　此事應與宣傳部聯合進行。

（三）關於工人鬥爭情事，如罷工、閉廠等類，得訓
　　　令工廠內或工會內之本黨黨團指揮其活動。

（四）調查海外工人狀況，及調查其組織方法、鬥爭
　　　方法，並準備各種工人宣傳小冊子，至關於小
　　　冊子之印發事宜，應與宣傳部聯合進行。

（五）關於工人狀況、工人組織、工人鬥爭各種狀況
　　　等資料，每兩星期供給一次於宣傳部，俾在黨
　　　報上及其他宣傳機關上發表。

（六）搜集各種關於工人狀況之報告，以為本黨對於
　　　工人運動將來政策決定之標準。

（七）與國內工人團體之領袖通訊，使國內工人團體
　　　與本黨發生關係，使本黨在各方面對於工人團
　　　體為有利益的奮鬥，以造成工人領袖為本黨活
　　　動黨員之中堅人物。

（八）召集國內工會代表，開全國大會議，俾本黨與

工人間互相了解。

農民部

（一）詳細調查農民狀況，及各省田地面積，並其分
　　　配方法。其要目如左：

　　1. 耕戶所有之田，田之面積總數及耕戶數目。

　　2. 非耕戶所有之田，田之面積總數及地主之
　　　　數目。

　　3. 佃農之田，其面積總數及佃農之人數。

　　4. 鄉間公有之田，其面積額，鄉內人口數目，
　　　　及其生活之狀況。

　　　　以上各項，不過調查大綱，更須詳細起草調
　　　　查表。

（二）調查農民組織之目的及其形式。

（三）各省通行之稅法。

（四）製定農民運動計劃。

（五）出版關於農民狀況之小冊子及傳單。

（六）計劃召集農民會議，設立本黨一種土地政綱，
　　　並建立本部之基礎，使之能代表利益。

（七）與農民發生關係時，應出版一種農民報，此事
　　　應與宣傳部聯合進行。

（八）農民報未出版以前，至少每兩星期將調查結果及
　　　農民現況，如組織鬥爭等類，報告於宣傳部一
　　　次，此種報告在黨部上及其他宣傳機關上發表。

軍事部

（一）搜集國內各種軍隊中之兵士及下級軍官狀況等
　　　報告。

（二）此種報告在軍人報紙上發表，以廣宣傳，此種
　　　宣傳品，由地方黨部及本黨在軍隊內之黨團負
　　　責分派。

（三）訓令地方黨部，組織軍隊黨團，並供給以軍人
　　　報紙、文字宣傳品及傳單等類。

（四）指揮黨員加入軍事學校及各軍隊中活動。

（五）在軍隊內組織黨團，並指揮其活動。

婦女部

（一）本黨須以比較進步之女黨員組織一特別團體，
　　　以備在婦女群眾中活動。

　　　1. 研讀本黨黨綱。

　　　2. 注意日常生活及其他。

　　　3. 研究世界婦女運動狀況，並設法與世界婦女
　　　　 團體發生關係。

（二）組織紅十字救傷部，出發前敵，及看護政治罪
　　　犯及罷工犧牲者。本黨革命工作時期，政治罪
　　　犯及罷工犧牲者，當不在少數，犧牲者之家庭
　　　需要救護，此為紅十字部應有之工作，革命事
　　　業經過地方，此種救護事業即顯為一種建設事
　　　業，對於犧牲者之家庭，有甚大之安慰，倘彼
　　　輩知其家庭有人照料，當可引起前線及革命區
　　　域之兵士興奮心理。

（三）組織一大婦女群眾團體。

　　　1. 發出宣言，登刊各報，及寄與黨員之家庭，
　　　　 開一特別婦女會議。

　　　2. 當各赴會場時，須照下列各問題使各人填答：

姓名、地址、職業、教育程度、社會地位。

3. 依據各種情形組織團體。

（四）黨員之為女工者，須另組一黨團，準備在女工內活動。因女工對於知識較高之女黨員，多不信任，故須設立一婦女班，授以初級讀本、習字及初級衛生學，將新聞朗誦，俾知尋常事類，照此辦法，則本黨之女黨員人數可以增加，婦女大會即可號召多數婦女到會，若與男子同一會場，則難得女子到會。

二、陸軍軍官學校考選學生簡章。

三、中央執行委員會宣傳部刊行每日通訊案。（秘書處提出）

中央執行委員會刊行每日通訊案（第七次會議通過）

中央執行委員會每日通訊

（一）體裁　用新聞體裁紙面油印。

（二）內容

甲、記言：

1. 總理演講；

2. 中央執行委員會議決案；

3. 各部文牘報告；

4. 黨員言論。

乙、記事：

1. 中央各執行部執行黨務狀況；

2. 各地方黨部執行黨務狀況。

丙、特別通訊：

關於政治、外交、軍事、社會、經濟、教育等重要消息。

（三）材料由秘書處及各部供應，由宣傳部編輯，不拘頁數，但須擇關緊要者登載。

（四）寄各執行部、各省黨部及本黨所屬各日報、各雜誌、各週刊，至於特別材料，有向外宣傳之必要者，應由宣傳部酌量分寄海內外各報及各通訊社。

四、中央執行委員會各部辦事關係條例。（秘書處擬定）

中央執行委員會各部辦事關係條例（第七次會議通過）

（一）各部執行黨務應發之各種文書表冊，由各該部擬妥簽名，交秘書處代發。

（二）各部執行黨務有關全體之重要案件，或與他部有關聯者，須先提出中央執行委員會及各部聯席會議討論。

（三）各處寄來文件，由秘書處按其性質分別送交各部辦理。

（四）凡各部提出之各部擬妥交秘書處編入議事表，提出中央執行委員會討論。

五、區黨部報告表。（組織部製定）
　　區分部報告表。（組織部製定）
　　區黨部調查表。（組織部製定）
　　區分部調查表。（組織部製定）

六、工人黨員調查表。（工人部製定）

七、農民黨員調查表。（農民部製定）並附說明
　　農民耕民調查表。（農民部製定）並附說明
　　土地調查表。（農民部製定）並附說明

八、青年黨員調查表。（青年部製定）
　　青年黨員報告表。（青年部製定）
　　學校調查表（共五張）。（青年部製定）
決議：以上八案，將原案修正議決，分別送交各關係機
　　　關辦理，其議決案全文另刊錄。

九、廣州市區黨部組織員及秘書津貼問題。
決議：（一）廣州市區黨部組織員已無設立之必要，應
　　　　　　即行裁撤，即由本會籌發本年一月津貼
　　　　　　費，以清手續。
　　　（二）區黨部秘書津貼費，本會因經費籌措不
　　　　　　易，亦即行取消，惟所欠本年一月份津
　　　　　　貼費，應早日籌定發給。

第八次會議

十三年二月二十三日

到會者：孫總理　鄒　魯　彭素民　鄧澤如　柏文蔚
　　　　張秋白　李宗黃　譚平山　林　森　覃　振

主席：鄒　魯
常務委員：譚平山

報告事項
一、宣讀第七次會議紀錄。
二、林委員祖涵請假。

討論事項
一、海外部職務草案。

海外部職務
　　　一、登記海外各總支部、分部、區分部所在地
　　　　　（中西地址）並黨員人數。
　　　二、對於海外總支部、分部、及區分部之組織，
　　　　　隨時查核，是否依照黨章辦理。
　　　三、促進海外各部關於本黨進行事宜。
　　　四、對於海外本黨報館、學校及具有宣傳性質者，
　　　　　由本部檢閱或調查之，並指示其進行方法。
　　　五、搜集海外華僑狀況，以供宣傳部參考。
二、海外部製定海外各級黨部調查表式樣案。
三、秘書處提出編輯第一次全國代表大會宣言及議決案。
以上三案照原案修改議決。

海外各級黨部調查表

名稱	中		
	西		
所在地	中		
	西		
通訊地址	中		
	西		
屬何黨部			
黨員人數	男	合計	
	女		
黨報	名稱		
	類別		
	經濟狀況		
	編輯人名		
	銷報份數		
學校	名稱		
	類別		
	經濟狀況		
	校長姓名		
	學生人數		
具有宣傳性質者	名稱		
	類別		
	經濟狀況		
	主持者姓名		
備考			

中央執行委員會海外部製

說明

一、名稱及所在地須填寫中西文字

二、屬何黨部乃指支部或分部區分部，係屬某總支部或
　　某支某分部。

三、黨報學校及其他具有宣傳性質者，係指在該埠黨辦
　　或同志所辦者為限。

四、類別係指該報或該校或其他具有宣傳性質者，屬何
　　種刊物、何種學校、何種組織。

五、經濟狀況係指該報或該或其他具有宣傳性質者之經

費來源及其盈絀。

中華民國十三年二月出版
中國國民黨第一次全國代表大會宣言及議決案
中央執行委員會印行

四、組織部提出設置佛山各區黨部、區分部計劃書。
決議：照原案通過。

設置佛山各區黨部及區分部計劃書

一、區域：佛山全市本劃分四個警區，若照廣州市組
織法，以一個警區設置一區黨部，誠恐過於廣闊，
呼應不易，現擬以（舖）為區黨部單位，佛山共有
二十四個（舖），每舖約有街道二、三十條，一舖
之內最少應設三個區分部，至其南部各舖，或因位
置僻遠，黨員無多，則併合兩三舖設一區黨部，能
令全市共設十二至十五個區黨部，可算周密。

二、人數：如下表

團體	所在地		已有黨員	願意加入黨者
建築分會	豐寧舖	福祿里	五人	約三十人
描聯工會	汾水舖	太寧里	五人	約二百人
製餅工會	祖廟舖	麒麟里	二人	約三十人
土墨工會	嶽廟舖	永豐大街		約百人
裝船工人	太平沙			約十餘人
船民	文昌沙			約十餘人
土遮工會	深村鄉			約十餘人
農民	橋亭舖			約十餘人
農牧	山紫村			約二、三十人
農牧	明照舖			約十餘人

三、辦法：由中央執行委員會派員前往佛山籌備一切，

先後如上表所列，如建築分會，各處組織區分部數
個，即委託各區分部為代理區，以便吸收黨員，續
謀擴張，其他一照廣州市成例。

五、列寧追悼會籌備處提出開會秩序並指定主席案。

決議：1. 開會秩序修改如下：

開會秩序

一、主席宣佈開會理由

二、主祭者及與祭者向列寧先生遺像行三鞠
躬禮

三、演說

四、鮑代表答禮

五、拍照

六、禮畢

2. 總理主祭

3. 廖仲愷主席

六、軍官學校校長蔣介石來函辭職，請派人接替案。

決議：除呈明總理外，並決定由本委員會致函挽留。

七、派遣廣西臨時省執行委員會籌備委員案。

決議：派蘇無涯、蒙卓凡二人為廣西臨時省執行委員
會籌備員，按照各省黨務進行計劃案，前往廣
西籌備。

第九次會議

十三年二月二十七日

到會者：鄒　魯　劉震寰　彭素民　楊希閔　鄧澤如
　　　　柏文蔚　覃　振　林　森　譚平山　廖仲愷
　　　　張秋白

主席：廖仲愷
常務委員：譚平山

報告事項
一、宣讀第八次會議紀錄。
二、追悼列寧籌備會報告所用去經費決算表。

討論事項
一、總理交辦：駐墨西哥支部長麥興華再呈請速派員專
　　理部務，以促進黨務案。
決議：交海外部會商墨西哥代表余和鴻辦理。

二、鶴山分部梁如山報告：分部被該邑縣長摧殘，請按
　　律究辦案。
決議：代轉呈總理核辦。

三、婦女部組織案。
決議：推定曾醒為婦女部部長，並呈請總理核准。

四、組織部提出黨員調查表樣式。

五、組織部提出黨員考查表樣式。

六、工人部提出調查表樣式。
　　1.第二種職業組合組織系統調查表。
　　2.第三種產業組合組織系統調查表。
　　3.第四種工會內部構造調查表。
　　4.第五種罷工經過調查表。
　　5.第六種海外中國工人工作狀況調查表
　　6.第七種海外中國工人普通狀況調查表。

七、農民部提出調查表樣式。
　　1.第四種土地稅調查表。
　　2.第五種農業產物調查表。
決議：以上四、五、六、七，四案，將原案修改議決
　　　施行。

八、林委員森、鄒委員魯提出印刷黃花崗審查會原稿，
　　經費一百二十元，請由本會撥案。
決議：由本會照辦。

九、秘書處提出香山分部糾紛案。
決議：由本會派員調查，並照總章從事組織。

十、籌備廣東臨時省執行委員會問題案。

決議：如下

    1. 廣東省內黨部已有組織，故不另設臨時省執行委員會。

    2. 所有省黨部組織，應由中央執行委員會組織部，擇省內各重要市鎮及縣份五個以上，依據新定總章，從區分部組織起，以至區黨部、市黨部、縣黨部，俟有五個市黨部或縣黨部成立時，即行組織正式省黨部。

第十次會議

十三年三月一日

到會者：孫總理　張秋白　林　森　鄧澤如　彭素民
　　　　柏文蔚　李宗黃　覃　振　鄒　魯　林祖涵
　　　　廖仲愷　汪兆銘　譚平山

主席：孫總理
常務委員：譚平山

報告事項

一、宣讀第九次會議紀錄。

二、推定曾醒為本會婦女部部長，經奉總理核准，定於
　　三月三日開始辦事。

討論事項

一、劉兆銘請設倫敦黨部案。

決議：如下

　　　1. 函知中央執行委員會候補委員邵元冲，組織黨
　　　　部，辦理歐洲黨務。

　　　2. 派劉兆銘為邵元冲秘書。

　　　3. 電報密碼由海外部製備，送寄邵元冲。

　　　4. 劉願任民國日報通訊專員事，由民國日報自定。

二、委派民國日報編輯委員會委員及委員長案。

決議：推定葉楚傖為上海民國日報編輯委員會委員長，

胡漢民、汪精衛、瞿秋白、邵力子為上海民國
日報編輯委員會委員，並奉總理核准。

三、委派林業明為民智印務公司經理案。

決議：推定林業明為民智印務公司經理，並奉總理核准。

四、組織部提出黨部組織圖案樣式三種，並附說明。

黨部組織圖案第一種（組織部製圖）

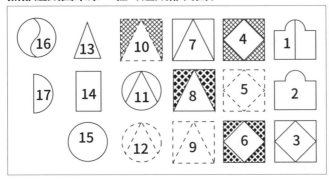

黨部組織圖案第一種說明

此圖案為各級黨部及機關所用之符號

1. 為中央執行委員會

2. 為各地執行部

3. 為省黨部

4. 為直接中央執行委員會或各地執行部之特別市區黨部

5. 為省黨部區域但黨部尚未成立者

6. 為特別市區之資格惟因黨員甚少未能成立黨部者

7. 為縣黨部

8. 為重要市鎮黨部

9. 為縣黨部區域但黨部尚未成立者

10. 為重要市鎮區域但黨部尚未成立者

11. 為區黨部

12. 為區黨部區域但黨部尚未成立者

13. 為區分部

14. 為監察委員會

15. 為黨辦日報

16. 為黨辦月刊

17. 為黨辦週刊

黨部組織圖案第二種（組織部製圖）

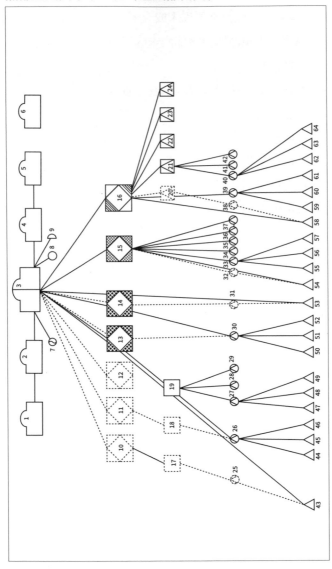

黨部組織圖案第三種（組織部製圖）

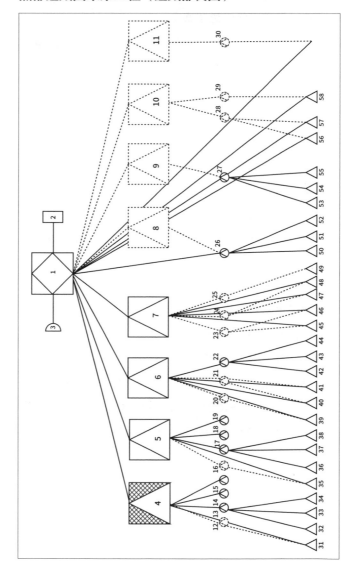

五、組織部提出國民黨講習所組織簡章草案。

中國國民黨講習所組織決議案

理由：前臨時中央執行委員會第七次會議經決議組織國民黨講習所，規定所有廣州市內各區黨部各區分部秘書及執行委員，均須入所講習，並推定籌備員三人著手組織，惟當時因籌備員事務太忙尚未組織成立，現本部以為本黨改組伊始，所有辦黨人員對於本黨此次大會所決定之宣言政綱及組織，以及今後應當如何進行之方略，均應從事實際討究，方不至差之毫釐，謬以千里，故認該國民黨講習所有從速成立之必要，現中央執行委員會各部職務概要經於第七次會議決定，茲根據各部職務概要，中國國民黨講習所應歸組織部、組織宣傳部管理，現由組織部擬定組織簡章如下：

中國國民黨講習所組織簡章

1. 名稱　中國國民黨講習所。
2. 地址　中國國民黨中央執行委員會。
3. 所員　凡各區黨部及各區分部之執行委員，與其他黨員之既得該區分部執行委員會介紹，並得中央執行委員會認可者，皆得為所員。
4. 班數　暫設四班。
5. 時間　每週兩次，定於星期一、二及星期四、五日下午三至五時開講。

　　　　每隔兩週由本黨總理主講一次，其地址在

　　　　————————————。
6. 時期　三個月。
7. 科目　三民主義、五權憲法、政治學大綱、經濟學概

要、本黨歷史、各國政黨狀況、本黨組織及方略（內分：（一）講解黨綱章程、（二）說明各種圖表、（三）進行方略、（四）對付時局問題等）。除三民主義、五權憲法由本黨總理主講，其餘各科設一主任，由該主任擬題，編成講義，送交中央執行委員會核定。

8. 考試　講習期滿，舉行考試，以驗所員心得。

9. 管理　本所不設職員，各種事務，歸宣傳部管理。

10. 規則　講習規則由宣傳部另訂之。

六、組織部提出廣東省內各地黨部設置計劃草案。

廣東省內各地黨部設置計劃決議案

十三年二月二十七日一屆中執會第十次會議通過

理由：本會第九次會議討論事項第十項，關於籌備廣東臨時省執行委員會問題案，其決議原文如下：

1. 廣東省內黨部已有組織，故不另設臨時省執行委員會。

2. 所有省黨部組織，應由中央執行委員會組織部擇省內各重要市鎮及縣份五個以上，依據新定總章，從區分部組織起，以至區黨部、市黨部、縣黨部。俟有五個市黨部或縣黨部成立時，即行組織正式省黨部。

依據以上決議，原文應先由組織部擬定廣東省內各地黨部設置計劃，提出中央執行委員會公決，以便於實行。茲擬定廣東省內各地黨部設置之計劃如下：

一、黨部設置地方之假定

廣東省內各地應設置黨部之地方甚多，然同時著手組織，事實上做不到。故根據以上所敘決議案，擇省內各重要市鎮及縣份五個以上先行組織，其選定之地方，更分公開組織與秘密組織兩種。

（甲）公開組織者：

1. 佛山
2. 江門
3. 陳村
4. 順德
5. 香山
6. 南海（黨部擬設在官山）
7. 番禺（黨部擬設在市橋）
8. 鶴山
9. 廣甯
10. 台山
11. 高要
12. 東莞
13. 增城
14. 韶關
15. 石龍
16. 小欖
17. 南雄
18. 開平
19. 新會

（乙）秘密組織者：

    1. 汕頭

    2. 海口

    3. 北海

    4. 廣州灣

二、設置之進行方法

（甲）依據各省黨務進行計劃決議案，各地方黨部之組織，從區分部組織而起，三個區分部成立，即組織區黨部，三個區黨部成立，即組織市或縣黨部，但因廣東省既不設臨時省執行委員會，故對於市或縣亦不設臨時市或縣執行委員會。

（乙）各黨部未組織之先，應由中央執行委員會組織部派員到各地實際調查，製定該地黨部設置計劃，提出中央執行委員會決定後，乃由中央執行委員會派員組織，但各該地如有相當黨員，能任調查時，得由中央執行委員會組織部託其調查。

（丙）既經中央執行委員會決定各地黨部設置計劃之後，應由中央執行委員會組織部派員到各該地設黨部籌備處，從事組織。

三、組織時期之經費

（甲）派員調查時，得按地方遠近，酌量給以川資，但每地方至多為二人，每人川資不得過三十元。

（乙）派員組織時，得按照地方遠近及組織時
　　　期，給以川資及旅費，每個地方至少為
　　　二人，每人川資不得過三十元，每月旅
　　　費不得過五十元。

（丙）派員調查及組織時，如派出之員是本會
　　　職員，只給川資，不給旅費，如辦公時
　　　所必須之費，應由派出之員開列概算，
　　　提出秘書處認可，方能開銷。

（丁）每市或縣黨部籌備時，得酌給籌備費，
　　　但每市或縣黨部籌備費，不得過一
　　　百元。

四、各出版物之供給
　　各地黨部在籌備時期，所有一切出版品，
　　直接由中央執行委員會供給之。

五、本計劃案經中央執行委員會議決，即交
　　組織部執行。

七、組織部工人部提出工人代表會草案。
　　以上四案，經照原案修正通過。

組織廣州市工人代表會決議案

理由：（一）廣州工人聯合機關有四，此四機關彼此相
　　　　　持不下，勢難自行撤消，而此四機關非全行撤
　　　　　消，工人統一萬難實現，工人評議會在此狀況
　　　　　之下，大有組織之必要，此會如能成立，即此
　　　　　四機關感情漸趨融洽，意見漸歸一致，勞工運
　　　　　動自歸於統一。

（二）工人為本黨基礎之一部，使本黨能使全市工人皆在本黨旗幟之下奮鬥，即增加一部勢力，故工人代表會非用本黨名義召集不可。

辦法：此代表會由下列各種工人代表組織之：

    1. 交通工人

    2. 工廠工人

    3. 手工業工人

    4. 雜務工人部

各種工人代表之人數，各以其地位之重要程度，分別定之：

    1. 交通工人部（設在粵漢路）

    2. 工廠工人部（設在河南）

    3. 手工工人部（設在西關）

    4. 雜務工人部

此會於各業工人黨團成立後，即著手組織。

工人分類如下表：

（甲）屬交通工人者：

    1. 粵漢路、廣三路、廣九路工人

    2. 海員

    3. 電報局、電話局工人

    4. 輪渡駁載司機工人

    5. 起落貨工人

    6. 汽車工人

    7. 人力車工人

    8. 其他交通工人

（乙）屬工廠工人者：

1. 電燈局工人

2. 兵工廠工人

3. 自來水廠工人

4. 榨油廠工人

5. 米廠工人

6. 建築工人

7. 機器廠工人

8. 紡織工人

9. 鋸木工人

10. 其他各種工廠工人

（丙）其他各種手工業之工人。

（丁）其他雜務工人。

工人代表會組織圖案

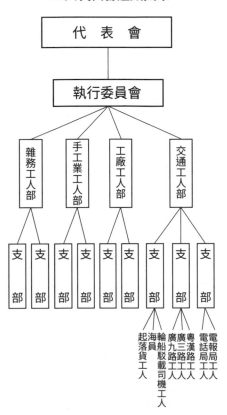

說明：支部設執行部，由各業工人聯合選出若干人組織
　　　之，最高執行委員會由代表會選出若干人、各
　　　部選出若干人聯合組織之。
　　　　各部執行委員會，由市各支部選派若干人、最
　　　高執行委員會指派若干人組織之。

第十一次會議

十三年三月五日

到會者：彭素民　鄒　魯　楊希閔　覃　振　張秋白
　　　　鄧澤如　柏文蔚　譚平山　劉震寰

主席：鄒　魯
常務委員：譚平山

報告事項

一、宣讀本會第十次會議錄。

討論事項

一、組織部提出軍人黨團組織圖案。（並附通則）

決議：將原案修改通過。

中國國民黨軍隊黨團組織通則

十三年三月五日一屆中執會十一次會議通過

一、軍隊黨團之組織，由中央執行委員會推派各軍之最
　　高機關之負責人組織之。

二、軍隊黨團受本黨總理及所在最高黨部之指揮，並須
　　中央執行委員會之核准。

三、軍隊黨團內之幹部，最高為總司令部，最低為營，營
　　以下不設幹部，以一連為一組，以一排為一分組，各
　　互推一組長，及一分組長，任通訊傳遞之責。

四、軍隊黨團最高幹部，得直接指揮其下級幹部，以至
　　於分組。

五、軍隊黨團皆須受上級黨團部之指揮。

六、軍隊黨團得直接徵收黨員，但須加入一個分組，並同時報告於中央執行委員會或所在地之最高黨部。

七、軍隊黨團最高幹部，若為二軍以上，或二師以上之總司令部，則其系統如下：

   1. 最高幹部執行委員。

   2. 軍執行委員會。

   3. 師執行委員會。

   4. 旅執行委員會。

   5. 團執行委員會。

   6. 營執行委員會。

   7. 營以下每一連為一組。

   8. 以一排為一分組。

八、各級執行委員會之組織及人數如下：

   1. 最高幹部執行委員會設委員長一人，委員八人。委員長以總司令充之，並由委員八人互推秘書三人，辦理黨團事務。

   2. 軍執行委員會設委員長一人，委員六人，並互選秘書一人。

   3. 師執行委員會設委員長一人，委員六人，並互選秘書一人。

   4. 旅執行委員會設委員長一人，委員四人，並互選秘書一人。

   5. 團執行委員會設委員長一人，委員四人，並互選秘書一人。

   6. 營執行委員會設委員長一人，委員二人，並互選

　　秘書一人。

　　7. 營以下每一連為一組，以一排為一分組，各互推
　　　一組長，及一分組長，於一營之內，各連應開
　　　組長會議，各排應開分組長會議。

　　以上各級執行委員，除委員長及秘書外，應按照事
　　務之簡繁，人數之多少，分任宣傳、組織、交通等
　　任務。

九、中央直轄之軍或師，或獨立旅等，亦得組織黨團，
　　其最高幹部即為該軍部、或師部、或獨立旅部，
　　但其執行委員會之組織及其人數，應按照軍執行委
　　員會、師執行委員會、旅執行委員會之組織及人數
　　辦理。

十、其他各種編制之軍隊，應按照前項相當等級辦理。

十一、最高幹部因得事實上之需要，設立各種特種委
　　　員會。

十二、軍隊黨團，依據總章，應加入公開半公開之非政
　　　黨團體內活動。

十三、軍隊黨團內各級執行委員會每月活動情形，至少
　　　每一星期報告各於該上級執行委員會一次。

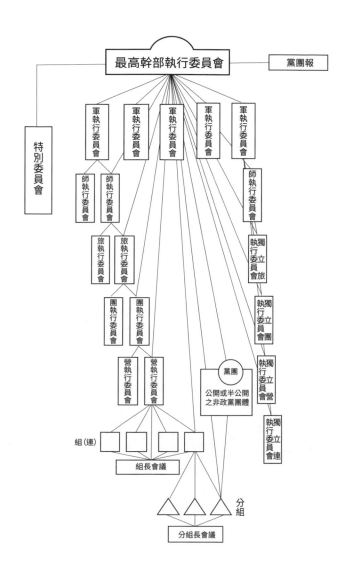

二、組織部提出警察黨團組織圖案。

決議：交警務處按照現在警察實際組織，製就圖案，報

告到會核辦。

三、農民部提出農家副產業調查表第六、七種樣式。

決議：將原案修改通過。

縣（農家副業調查表）中央執行委員會
農民部調查表第六種

縣黨部報告　年　月　日

	名稱	產地	用途	頭數	價格	病害	備考
家畜種類							

說明：就本區域內所飼養家畜種類、產於何地、用途若何，如牛羊之為肉用或乳用，馬之為乘用或駕用，每頭價格若干、病害有無，照式填註。

縣（農家副業調查表）中央執行委員會
農民部調查表第七種

縣黨部報告　年　月　日

	蠶種名稱	養蠶方法	蠶造每年幾次	繭之形狀	桑葉種類	鮮繭種類	鮮繭價格	繰絲方法	生絲產額	生絲價格	銷行何處
蠶絲種類											

說明：產額以擔計價每擔若干兩或若干元計

四、青年部提出上海全國學生聯合總會內辦事同志，每月津貼一百元，應否由本會繼續津貼案。

決議：由本會繼續津貼。

第十二次會議

十三年三月八日

到會者：孫總理　柏文蔚　李宗黃　彭素民　鄒　魯
　　　　鄧澤如　廖仲愷　覃　振　譚平山

主席：孫總理

常務委員：譚平山

報告事項

一、宣讀第十一次會議紀錄。

　　關於此項報告，有兩點修正如下：

　　1. 到會者漏寫劉震寰應補入。

　　2. 軍隊黨團組織通則第八條，所有各級執行委員會
　　　設委員長一人，經由總理最後決定，一律改為
　　　各級執行委員會設主席一人，故關於此通則條
　　　文內所有委員長之名稱，一律改為主席。

二、廣東大學法科學院黨團成立報告。

三、本會婦女部籌備國際婦女日，廣州婦女示威巡行
　　事項。

四、明日王昌烈士出殯及公祭華僑殉國烈士事項。

討論事項

一、組織部對於組織廣州市黨部之意見書。

決議：如下

　　1. 採用直接選舉制，由廣州市內各區黨部黨員直
　　　接投票選舉廣州市黨部執行委員，組織廣州市

　　　執行委員會。

2. 廣州市執行委員會名額定為九人，候補委員名
　　額定為五人。

3. 投票地點在廣州各區黨部之區域內。

4. 在未開始投票選舉之先，由中央執行委員會指
　　定候選人二十七名（即當選者三倍之數）。

5. 將候選人姓名刊載於選舉票內，由選舉人將自
　　己所欲選舉之人圈出九人（最多為九人），投
　　於票匭內。

6. 選舉之結果，即以獲得最多者九人為廣州市黨
　　部執行委員，次多者五人為候補委員。

7. 發出選舉票，須憑黨證。故選舉時期要在發出
　　黨證之後，大約時期要在四月一日以後，始能
　　開始選舉。

二、組織部提出：粵漢鐵路、兵工廠、海員工會三特別
　　區分部擴充為區黨部案。

**粵漢鐵路兵工廠海員工會三特別區分部擴充為區黨部案
（原文）**

　　查粵漢鐵路、兵工廠、海員工會三特別區分部，在
臨時中央執行委員會時，已經正式成立，惟此三特別區
分部人數眾多，區域遼闊，且甚重要，固應擴充為區黨
部。且在組織上而論，在粵漢鐵路是指全路，而全路之
中各大站可皆組織區分部；在兵工廠是指總廠，而總廠
之中分為子彈廠、槍廠、機器廠、機關槍廠、無煙藥廠
等，每廠皆可組織區分部；在海員工會，更包含甚多輪

船，每隻輪船皆可組織區分部。而且鐵路必須每站皆有
區分部，兵工總廠每廠皆可有區分部，海員工會每輪船
皆有區分部，組織方嚴密，而黨務亦易於發展也。故在
此三個特別區分部，應擴充為區黨部，在區黨部之下，
分別按其性質，組織區分部，以擴張黨勢，是否有當，
聽候公決。

決議：照原案通過，送組織部辦理。

三、本黨軍事委員應當繼續設立案。（柏文蔚提出）

說明：本黨由辛亥至今，十三年來，仍皆是革命行為，
　　　然革命必以軍事為主，故本黨在未改組以前，
　　　均由總理委任軍事委員在各省活動，今則情狀
　　　如故，仍須有運動、聯絡、宣傳等事，提出此
　　　案，即希公決。

決議：俟軍事部成立後再行辦理。

四、黨員曾西盛等提出：關於花埭黨部設立案。照錄原
　　函如下：

敬啟者：

　　現敵會在花埭村五眼橋等處之工人，約有三百人，
度想加入本黨，並經填具願書與入黨表，惟查花埭各
處，本屬警區第十二區範圍，而本黨第十二區黨部之現
有黨員，則全屬水上工人，遍查花埭各處，實未有黨部
之設置，故由黨員等擬具辦法如下：

1. 由敵會加入之黨員，在花埭芳村、五眼橋另組區分
　 部及區黨部。

2. 區分部之組織以工廠為單位，如黨員太少之工廠，
　則合數廠組一區分部。

3. 區黨部以敵會現有之第三俱樂部為辦事及開會地點。

以上三項辦法，是否可行，請開察核指示一切。此致

中央執行委員會

　　　　　　　　　　廣東油業工會黨員曾西盛
　　　　　　　　　　　　　　　　胡超侯
　　　　　　　　　　　　　　　桂　平
　　　　　　　　　　　　　　　羅　德

決議：准予設立，並由組織部派員調查實況，並前往
　　　組織。

五、克興額提出蒙古宣傳計劃案。

決議如下：

　　　1. 印刷事項則附於上海民智印刷公司。

　　　2. 由民智公司添鑄蒙文銅模及鉛字。

　　　3. 每月經常費俟核定其數目後，即由黨部供給。

六、民智印刷公司經費案。

決議：此款由大元帥設法籌撥，如黨費有贏餘時，亦應
　　　酌撥，儘一年之內撥足預算之數──八萬餘元。

第十三次會議

十三年三月十二日

到會者：林　森　鄒　魯　柏文蔚　張秋白　廖仲愷
　　　　彭素民　譚平山

主席：廖仲愷
常務委員：譚平山

報告事項

一、宣讀第十二次會議紀錄。

討論事項

一、安南薄寮分部代表何覺非函報：此次出席本黨大會
　　各代表均為法政府按址調查，請研究妥善方法，以
　　資對付案。

決議：由本黨代為設法。

二、青年部提出各案：
　　1. 青年運動政策提案。
　　2. 廣州市學生統一運動提案。
　　3. 青年黨團組織提案。
　　4. 學生運動計劃提案。
　　5. 學生運動委員會及學生會黨團圖案。

決議：將原案修改通過。

青年運動政策決議案

　　青年運動可分學生、青年工人、青年農民、青年婦女、青年軍人與一般的青年運動。除有關於各部，俟異日與該部商量共同提出外，先提出學生運動及一般的青年運動政策案。

一、學生運動政策

　　在現在中國的情形：政治方面割據制度仍未打破，而維護這制度之北洋軍閥，盡力壓迫人民，防止新勢力之發展；經濟方面，農業經濟組織正在崩壞，帝國主義者遂利用機會，勾結軍閥，肆行侵害，使中國工商業不能發展。學生是最富於民主思想與富於熱情的青年，當然不能忍受，而使他們不能不起來做國民革命運動。「五四」運動是學生們做的國民革命運動，以後所發生的學生運動性質也是相同，全國學生總會且已旗幟鮮明，高唱著「打倒軍閥」、「打倒國際帝國主義」。因此學生是國民革命的重要份子，而且已在國民革命進行中佔得位置。

　　但是，事實雖然這樣命令他們做，還有許多未曾認識這是甚麼一回事。他們知道他們自己所幹的是救國運動，但他們不承認這是政治問題。因此他們對於我們做國民革命的政黨，就未能十分了解。我們要使他們知道干預政治不是做官僚政客的意思，再使他們明瞭政黨的作用，更使他們明白認識我們的「黨」。我們要學生們歸到我黨旗幟之下，但更要盡力維護學生的利益；對所有的學生運動（校內與校外）都要盡力指導他們，幫助他們，要使學生在國民革命當中多盡一點責任，必須他

們組織起來。所以我們要盡力去組織學生團體。

外國人所辦的學校，大概是有宗教色彩，他們的革命性是比較的弱，而且外國人在中國施行的教育政策，大都是愚民的，不合時代與中國國情。我們要使那種學生明白外國人在中國辦學校的原意，使他們反對學校不合時代與中國國情的教育，更進而能夠反抗帝國主義。

二、一般的青年運動政策

青年總是富於革命性的。其已組織起來的青年群眾，不論已否入於革命正軌，也總已有向上的傾向；其未組織起來的，也是對於現在的國情有不安心的地方。我們對於有組織的，要使他們入於革命的正軌；未有組織的，設法組織起來，而加以訓練，那些青年最好設些甚麼研究會俱樂部去收羅。

廣州市學生統一運動決議案

理由：廣州市為中國南部政治中心，在廣州之學生運動，不僅關係本市或本省，而且關係中國南部。廣州市現在的學生聯合會組織，非常渙散，不能號召學生群眾，做大規模運動，本黨更未有方法去支配，所以要由本黨學生黨員出來活動，促其改組。

辦法：1. 學生聯合會基礎在各學校學生會，因此要由各校本黨黨員促成，或改組各該校學生會，佔得幾分勢力。

2. 組織學生統一運動委員會：各區黨部學生黨員，應組織學生運動委員會，但學生眾多之

區分部，亦應組織。

3. 各校學生會組織或改組成功後，即加入學生
聯合會，或改派代表，實行提議改組。

青年黨團組織提案

理由：依本黨章程，公開半公開或秘密團體，凡有本黨
黨員在內，得組織本黨團。為本黨青年工作容
易發展起見，各學校及各青年團體，有從速組
織黨團之必要。

辦法：1. 先調查所有青年團體及各學校黨員人數與活
動狀況，此種工作，先從廣州做起，以次及
於本黨部組織地方。

2. 調查後，將所得結果，報告中央委員會，由
委員會議定組織辦法，促其早日成立。

3. 各種青年團體或學校內黨團成立後，中央執
行委員會須即命令各個黨團召集會議，商議
活動計劃，以後各個黨團會議，中央執行委
員會得隨時派員參加指導一切活動方法。

學生運動計劃決議案

學生運動意義，是組織學生群眾，帶領他們去幹國
民革命運動，因此學生運動委員會與學生裡頭的黨員，
有組織黨團之必要，黨團是在學生會裡面活動，委員會
是在一般學生群眾方面活動，所定計劃如下：

一、學生委員會之組織

1. 各區黨部或區分部組織學生運動委員會，委員

定五人至十人（委員不限定學生），受黨部指揮。

2. 由各區分部學生運動委員會派代表二人，組織區學生運動委員會代表會，受區黨部指揮。

3. 由區學生運動委員代表會派代表二人，組織縣或市學生運動委員代表會，受縣或市黨部指揮。

4. 由縣或市學生運動委員代表會派代表二人，組織省學生運動委員代表會，受省黨部指揮。

5. 各省學生運動委員代表會派代表二人，組織全國學生運動委員代表會，受中央黨部指揮。

二、學生會黨團之組織

1. 各學校學生會及縣市、省，以至全國學生會職員中之黨員，應組織黨團。

2. 除學校學生會、縣市及省學生聯合會黨團，受所在地黨部指揮外，全國學生聯合會黨團受中央黨部指揮。

三、本案通過後，由青年部通函各級黨部，促其成立，併派人組織。

學生運動委員會及學生會黨團圖案

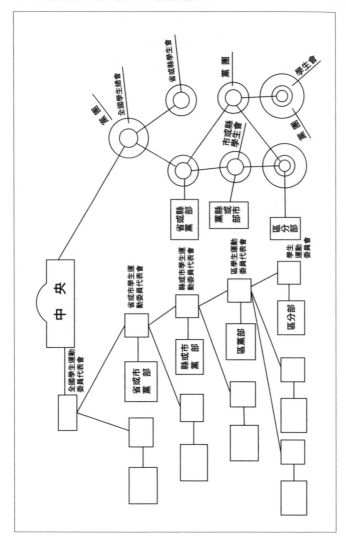

第十四次會議

十三年三月十五日

到會者：孫總理　鄒　魯　覃　振　彭素民　李宗黃
　　　　林　森　鄧澤如　譚平山

主席：孫總理

常務委員：譚平山

報告事項

一、宣讀第十三次會議紀錄。

討論事項

一、推派人員組織各軍隊黨團案。（秘書處提出）

決議：如下

　　1. 推派楊希閔組織滇軍軍隊黨團。

　　2. 推派譚延闓組織湘軍軍隊黨團。

　　3. 推派樊鍾秀組織豫軍軍隊黨團。

　　4. 推派劉震寰組織西路討賊軍軍隊黨團。

　　5. 推派許崇智組織東路討賊軍軍隊黨團。

　　6. 推派朱培德組織中央直轄第一軍軍隊黨團。

　　7. 推派盧師諦組織中央直轄第三軍軍隊黨團。

二、登報徵求編製黨歌案。

決議：如下

　　1. 徵求黨歌改為徵求革命軍歌。

　　2. 刊登上海國民日報，徵求以三個月為限，即

　　開評議會評定。

　3. 入選者酬與獎金一千元。

　4. 革命軍歌徵得以後，另請人製定樂譜。

三、凡總章未有規定之「中國國民黨某某」等團體一律
　　取銷通告原文。（秘書處提出）

通告第　　號

　　為通告事，現奉總理面諭：本黨改組後，所有各種
組織，皆依照總章辦理，凡以前所有冠以「中國國民
黨」字樣等團體，而總章未規定者，均應即日取消。以
後如有組織某項團體之必要時，應由所在地之最高黨部
直接組織並指揮之，凡屬黨員，不得假借名義，自由行
動，如敢故違，應即執行紀律，從嚴懲辦，以肅黨紀。
等因；奉此，為此通告各地同志，如在本通告未發出以
前，所有「中國國民黨某某」等團體，一律即行取消，
以後不得任意設立此項團體，以破壞總章，特此通告。
決議：照原案通過。

四、總章未有規定之中國國民黨某某等團體一律取消廣
　　告原文。（秘書處提出）

中國國民黨中央執行委員會啟事

同志鈞鑒：

　　現奉總理面諭：本黨改組後，所有各種組織，皆依
照總章辦理，凡以前所有冠以「中國國民黨」等字樣團
體，而總章未有規定者，均應即日取消。以後如有組織
某項團體之必要時，應由所在地之最高黨部直接組織

並指揮之。凡屬黨員，不得假借名義，自由行動，如敢故違，即應執行紀律，從嚴懲辦，以肅黨紀。等因；奉此，為此通告各地同志，如在本通告未發出以前，所有「中國國民黨某某」等團體，一律即行取消，以後不得任意設立此項團體，以破壞總章，除通告外，特此佈聞。

決議：照原案通過。

五、廣東警察黨團組織圖案並附說明。（組織部提出）

決議：照原案通過。

六、通告各執行部運動收回關餘，及爭日本退還庚子賠
　　款之一部為廣東大學經費提案。（青年部提出）

　　依照本黨第一次全國大會決議案，本黨應一致運動收回關餘。又依政綱對外政策第五條庚子賠款應完全劃作教育經費，現在廣東大學經費無著，而廣東其他教育經費亦極困難，日本承認退還庚子賠款，雖然聲明作為教育經費，而廣東獨付缺如，故吾黨應一致運動收回，應將關餘及日本退還庚子賠款之一部份，以為廣東大學及廣東省教育經費。

決議：照原案通過。

七、通告任職黨員服從黨義嚴守紀律原文。（秘書處
　　提出）

通告第　　號

　　為通告事，本黨自革命同盟會以來，歷三十餘年之

奮鬥，苦心孤詣，百折不撓，立志不可謂不專，用力不可謂不勤，然時至今日，覈其成功仍若是之尟者，固由於其始之組織未密，訓練未週所致，然而一般黨員，對於黨與個人之關係，容有未能澈底了解，亦是重要原因之一也。茲重為我一般同志愷切言之。

夫結合多數之同志以成黨，即應集中權力於黨，以約束多數之同志，故凡屬黨員，只有服從黨之行動，而無黨員個人之自由，只有以本身之能力，貢獻於黨，以達黨之目的；斷不能反藉黨之能力，以謀黨員個人之活動。蓋黨之成功，即黨員個人之成功，若各自藉黨以求黨員個人之成功，其結果必令黨受莫大之損失，而總歸於失敗。是以在黨員個人亦無成功之可言，故犧牲黨員個人之自由，即所以保障黨之自由；集合多數黨員之能力，而成黨之能力，即為一黨成功之張本，反是未有不歸於失敗。

黨與個人之關係既如上述，因此，凡屬黨員之任職於黨政府下之軍政民政財政各機關者，無論任職之大小，皆須明瞭本身之置身仕途，乃為希望達到黨之目的而從政，非為希望達到個人之目的而從政，若誤認為希望達到個人之目的而從政，根本上既發生矛盾，則操之無本，措亦乖宜，且不啻於黨中自樹一敵，其損害何可勝道！各同志當知本黨萬不能犧牲一黨以滿足個人慾望，故任職之黨員，比之一般黨員須格外絕對服從黨義，一經入黨，則個人行動，一切皆範疇於黨的行動，謹守本黨政策，以博得多數人民之信仰，而本黨基礎乃賴之鞏固。茲為策勵各同志益加奮勉起見，標明三義，

俾有遵循，若夫防制逾越，則有本黨紀律在焉。

　　第一、嚴守本黨主義　本黨第一次全國代表大會宣言已證明：實行三民主義為中國唯一的生路，本黨總理歷次演講，對此曾加以鄭重闡明，各同志之任職於黨政府之下者，對於主義之宣傳與運用，須加倍努力，使本黨成為革命民眾之根據。

　　第二、實行本黨策略　本黨所定對外政策凡七事，對內政策凡十六事，既條張目舉，準備實行，任職黨員，握有權位，當奮全力以赴之，庶幾代表本黨行動，以飫群眾所望。

　　第三、與民眾同甘苦　革命期間須有所犧牲，以為取得成功之代價，今日黨政府下之民眾，其所犧牲者甚鉅，然而不稍形畔者，蓋期望本黨良殷也。任職黨員，當如何刻苦自勵，以慰藉民眾，其有縱恣驕橫，尊養而優處者，已為民眾所棄；甚焉者，藉黨營私，務充一己慾壑，固不獨騰謗民嵒，而使本黨失去作用於民眾，徒供彼一人為府怨之具，此尤為本黨所不容者矣。

　　上述三義，所以促各同志之醒悟。各同志須知本黨此次改組動機，原欲令本黨成一有組織有權威之黨，以負荷國民革命之重大使命。若是則端賴各同志為黨努力，以黨的成功，賅括個人的成功，不然，步驟之不整齊者如故，叫囂隳突而莫衷一是者如故，是則本黨改組為多事，同志之入黨為別有所圖，甚非本黨總理毅然改組之所望也。願與各同志共勉之。

中央執行委員會
主席孫文

中華民國十三年　　月　　日

決議：照原案修改通過。

八、黨員所得捐徵收案。

決議：如下

　　1. 由中央執行委員會直接徵收。

　　2. 徵收額如下表：

　　　　A. 每月薪俸一千元徵收百分之十；

　　　　B. 每月薪俸九百元徵收百分之九；

　　　　C. 每月薪俸八百元徵收百分之八；

　　　　D. 每月薪俸七百元徵收百分之七；

　　　　E. 每月薪俸五百元徵收百分之六；

　　　　F. 每月薪俸三百元徵收百分之五；

　　　　G. 每月薪俸一百五十元徵收百分之四；

　　　　H. 每月薪俸一百元徵收百分之三；

　　　　I. 每月薪俸七十元徵收百分之二‧五；

　　　　J. 每月薪俸五十元徵收百分之二。

第十五次會議

十三年三月十九日

到會者：彭素民　林　森　鄒　魯　柏文蔚　廖仲愷
　　　　譚平山

主席：廖仲愷
常務委員：譚平山

報告事項

一、宣讀第十四次會議紀錄。
二、上海執行部轉來葉楚傖、胡漢民、汪精衛、瞿秋白、邵力子等報告，民國日報編輯委員會委員長委員等職。
三、工人黨員大會開會狀況。

討論事項

一、組織部提出：廣東順德縣黨部調查報告及設置計劃案。
決議：照原案批准，由組織部派員前往組織。
廣東順德縣黨部調查報告及設置計劃書（組織部提出）
　　廣東省黨部組織問題，前經決議，由本會組織部先行派員直接往該地組織縣黨部，或市黨部，以便成立省黨部。當經由本會派出工人部秘書馮菊坡前往順德實際調查，並製定設置計劃，茲已調查完竣，並製定順德縣黨部設置計劃，應依原案提出公決，以便派員組織。

（一）黨務情形

區別	黨部情形	原因	農民	工人	商人	其他	總計
一區	部址存在 職員全無	無部長		45	63	19	127
二區	部址消滅 職員全無	部址消滅 無人負責					
三區	此區屬陳村範圍						
四區	部址消滅	無人負責	7		14	9	30
五區	部址存在 職員存在		4	44	25	19	92
六區	部址未定 部長一人負責	無人幹事	農民佔多數				
七區	無人負責 黨部消滅						
八區	無人負責 黨部消滅						
九區	未詳 商人佔多數						200
十區	黨部消滅 無人負責	分子複雜					102
大黃圃	黨部未有		52				86
沙欄	以農民俱樂部為部址	無人負責	220	30			250

（二）可能整理之黨部

      1. 一區

      2. 二區

      3. 五區

      4. 六區

      5. 九區

      6. 十區

      7. 大黃圃

      8. 沙欄

（三）未來黨部之設置

      甲、第一區內可能設置之區分部：

          1. 雲路（農民區）

2. 伏波街（工人區）

3. 城內

乙、第二區內可能設置之區分部：

1. 倫教（工人區）

2. 仕版（農民區）

3. 七社（農民區）

4. 宣尾（農民區）

丙、第五區內可能設置之區分部：

1. 樂從

丁、第六區內可能設置之區分部：

1. 龍眼（農民區）

2. 沖鶴（農民區）

3. 黃連（農民區）

戊、第十區內可能設置之區分部：

1. 桂洲

2. 容奇

己、第九區內可能設置之區分部：（尚未有把握）

庚、大黃浦區內可能設置之區分部：

1. 大黃浦（農民區）

申、沙欄區內可能設置之區分部：

1. 沙欄（農民區）

說明：大黃浦與沙欄兩區幾全是農民，且甚重要。

（四）希望中之黨員人數

地方	雲路	伏波街	倫教	仕版	宣尾	龍眼	冲鶴
人數	三百人	二百人	百人	五十人	五十人	一百人	一百人
成分	農民	工人	工人	農民	農民	農民	農民

廣東順德縣黨務調查員馮菊坡報告

二、青年部提出：認太原曉報為黨報案。

決議：每月補助費約一百元，但函商北京執行部斟酌辦
　　　理，並交由北京執行部管理。

認太原曉報為黨報案

　　太原曉報於北方軍閥之下，能極力主張吾黨主義，
真難能可貴，應認為黨報，予以月費，請公決，附太原
曉報來函一件，此致中央執行委員會

青年部部長鄒魯提出

三、補助香港晨報案

決議：如下

　　　1. 完全收為黨報，由本黨指揮管理。

　　　2. 以前之股東權利以及所有股本完全作廢。

　　　3. 以前種種之設備及傢私收歸黨有。

　　　4. 以後營業上盈虧皆歸本黨處置。

　　　5. 所有用人行政由本黨主持。

　　　依據以上五項辦法交涉，俟其結果如何，然後
　　　再定辦理。

四、農民部提出：製定農民運動計劃案。

決議：照原案通過，交由農民部擇要派員組織。

製定農民運動計劃案

此條先要有最精密團體組織，然後才有農民的運動，其應組織的團體如左：

（一）自耕農協會；

（二）佃農協會；

（三）僱農協會；

（四）農民自衛團。

根據以上的組織，就應該於區黨成立的地方，設立一個總括農民聯合會，於區分部成立的地方，設立各協會等。此種組織，須由各縣的區黨部或區分部負責組織之。

組織的意義

為增進農人的生活起見，如自耕農受官吏的苛待，佃農受地主的苛待，僱農受僱主的苛待，次之又受軍閥的剝削，土匪的搶劫等，故欲免除種種痛苦，非三民主義實現不可，所以要求三民主義之實現，非有大聯合的強健的團體組織，掃除一切的障礙不為功。是以組織各種團體，此外應於各農民協會成立的地方，設立補助知識的團體如左：

（一）農民夜校；

（二）農民冬期學校；

（三）農民演講團。

設立的意義

農民夜校之設立，使不識字的農人於工餘時、夜間入校讀書，並將農業如何改善之方法，和三民主義編成課本教授，其餘則教以普通的知識，此課本須由本會編

定。再在冬期學校之設立，每屆冬期農民都安閒了，可
藉這個時間設立一個短期學校，與夜校併教，俟工作時
停止。若演講團之設立，完全補助學校之不及。

　　如此竭力做去，不到一年後，當有一種極激烈的農
民運動發現。

第十六次會議

十三年三月二十四日

到會者：孫總理　鄒　魯　鄧澤如　林　森　柏文蔚
　　　　廖仲愷　譚平山　彭素民

主席：孫總理
常務委員：譚平山

報告事項

一、宣讀第十五次會議紀錄。

討論事項

一、建國大綱徵文辦法及廣告案。

決議：照原案修改通過，仍專函上海執行部徵求意見再
　　　為決定。

建國大綱徵文辦法及廣告案

一、建國大綱徵文辦法

　　1. 徵文由上海民國日報出名，由本會為該報擬成
　　　徵文廣告及則例，交本黨各機關報及擇送非機
　　　關報刊佈。

　　2. 酬金總計三萬元，廣告費預備二萬元，此數均
　　　由中央執行委員會預先籌定，最遲於某時匯滬
　　　存放銀行。

　　3. 衡校員原由中央執行委員會推薦，請總理選定
　　　某人，速函聘請，俟同意發表。

4. 須委定徵文經理員一人，經理登廣告收卷、給
酬以及應徵人問事等事。

5. 關於附則所載須委定徵文檢閱員數人，檢閱應
行發表與否。

6. 須將廣告函知海外總支部刊登各機關報。

二、懸賞參萬元徵文廣告。（如登他報須冠上海民國日
報六字）

中國國民黨孫總理擬訂國民政府建國大綱，曾
經發表報端（現復將大綱原文登載本報第某張），
本報以茲事體大，不妨博徵輿論，集思廣益，爰徵
得孫總理同意，由本報發起懸賞徵文，願中外人士
悉起而評論之。茲定徵文則例如下：

1. 論文白話文言均可，並不拘體裁，不論長短，惟
須繕正兩份，自加圈點，但用外國文者，須自
行譯成漢文，連同原稿並送。

2. 所繕兩份，均須署名蓋章，送交本報，自截卷後
逐日發表；本報收到當給以收卷憑條。

3. 收卷期限十三年十月一日截止，十四年一月一日
揭曉。

4. 各卷由本報聘請吳稚暉、汪精衛、胡漢民衡定甲
乙，計共取五十卷，由本報按名次將論文再行
發表。

5. 評定甲乙後限　年　月　日在本報發表後一星期
即行開始發給酬金。

6. 酬金如下：
第壹名壹萬元

第貳名伍仟元

第參名參仟元

第肆名貳仟元

第伍名壹仟元

第陸至第拾名各伍百元

第拾壹至貳拾名各參百元

第貳拾壹至參拾名各貳百元

第參拾壹至肆拾名各壹百元

第肆拾壹至伍拾名各伍拾元

7. 得酬者，須攜帶本報所發收卷憑條，及持原在卷上蓋用之印章，前來本報驗明，立即照數發給。

三、關於登廣告辦法及廣告費分配辦法，先函詢上海執行部意見，俟報告到粵，即行籌款登報。

四、每家報館擬登八天，每星期登載一天，兩個月登完。

第十七次會議

十三年三月二十七日

到會者：廖仲愷　鄧澤如　李宗黃　林　森　彭素民
　　　　柏文蔚　譚平山

主席：廖仲愷
常務委員：譚平山

報告事項

一、宣讀第十六次會議紀錄。

二、關於第十六次會議改正之點如下

　　1.建國大綱徵文辦法第五項全文刪去，第六項改作
　　　第五項。

　　2.懸賞三萬元徵文廣告第 3 項「收卷期限十三年十
　　　月一日止截十四年一月一日揭曉」之下增加「揭
　　　曉後一星期即行開始發給酬金」至第 5 項則全
　　　文刪去。

三、常務委員譚平山日間前往順德、佛山等處組織黨
　　部，關於秘書處會務，由常務委員彭素民擔任。

討論事項

一、大本營秘書處轉來總理交下撤銷各種團體統一於本
　　黨各區黨部各區分部以便進行案。

決議：將原案修改通過，茲將修改案全文照錄如下：

案准大本營秘書處公函第九零號開：

逕啟者：

　　奉大元帥交下中國國民黨華僑聯合辦事處代表劉炎新等聯合各團體呈請令行省釋黃大漢謝德臣等情呈一件，奉批著公安局長從慎訊明詳報，並著國民黨中央執行委員會飭令以上各團體取消各種名目，統一於國民黨各區黨部區分部，以便進行，而免分歧，此批。等因，除分函外，相應錄批，並抄原函呈達，即希查照辦理見覆為荷。等因，並附抄呈後開：中國國民黨華僑聯合辦事處代表劉炎新、陳鑑初、周漢光。廣州市中國國民黨第六區黨部代表方瑞麟、梁少文、陳勁軍。海外同盟會會員俱樂部代表郭淵谷、劉少蘇、梁次達。國民黨南洋華僑真相劇社代表鄧宏順、甄冠南、吳紹基。國民黨西貢總支部駐粵代表黃景南、鍾國新、孔竹亭。國民黨海防東京駐粵代表高翼雲、鄧鐵鋒。大本營建國宣傳委員張汝南。聯義社海外交通部。查以上原呈所列具者呈，性質各有不同，自應分別執行，茲擬辦法如左：

（一）中國國民黨華僑聯合辦事處及海外同盟會會員俱樂部，依照總理所批，執行取消。

（二）國民黨南洋華僑真相劇社，應令其撤銷國民黨字樣。

（三）國民黨西貢總支部駐粵代表黃景南、鍾國新、孔竹亭，及國民黨海防東京駐粵代表高翼雲、鄧鐵鋒，應令其撤銷駐粵代表名義，並函知西貢總支部及海防東京支部知照。

（四）大本營建國宣傳委員張汝南，應函知到會，詢

問有無委任再定辦法。

（五）聯義社海外交通部不必取銷，惟函告將該部組
織報告到會核辦。

（六）廣州市中國國民黨第六區黨部，為正式組織機
關，不能取銷，惟該區代表方瑞麟已另有函來
會，為黃大漢等申訴，擬併移交監察委員會審
查如何再辦。

二、組織部提出：組織花埭黨部報告案。

決議：照原案通過，並定為廣東市第十三區黨部。

組織部提出組織花埭黨部報告案

前據油業工會黨員報告，該會有工人三百餘，志願
入黨，當經派員調查屬實，並提出中央執行委員會認
可。茲依照總章入黨手續辦理妥當，茲將組織結果，報
告聽候批准，以便頒發印信。報告照錄如下：

報告第二號

「為組織花地區黨部事」

本月十八日奉派往組織花地區黨部及區分部，是日
到會者二百五十四人，除有二十三人未投票外，共收得
選舉票二百三十一條，茲將區分部之組織與人數（以到
會人數為準）及選舉結果報告如下：

（甲）區分之組織與人數

　　　（一）利源豐廠五十二人，組織一區分部。

　　　（二）粵興和廠五十人，組織一區分部。

　　　（三）廣裕廠三十八人，組織一區分部。

　　　（四）南棧廠三十八人，組織一區分部。

（五）東裕泰廠二十五人，組織一區分部。

（六）朱有蘭廠二十九人，組織一區分部。

（七）祥豐泰廠七人，組織一區分部。

（八）聯豐泰到會者六人，南昌到會者三人，暫歸粵興和之區分部。

（九）合生、和發祥、萬成源三廠，皆有十餘人，到會者請求組織區分部，惟因時間短促，須俟遲日再行召集組織，至合生廠二人已填願書加入之黨員，則暫加入朱有蘭之區分部。

（十）此次組織結果，與原定計劃無甚差異，惟南昌廠工人已填願書者之數，與到會人數相離太遠，故不能組織區分部，亦須俟遲日召集，再行組織。

（乙）選舉結果

（一）區黨部執行委員五人：張西（係在廣裕做工）得三十八票、馮志初（係在聯豐泰做工）得三十七票、陳義（係在粵興和做工）得三十六票、鍾細金（係在東裕泰做工）得三十三票、胡鉅（係在東裕泰做工）得三十二票。

候補委員五人：劉仲沛（係在廣裕做工）得二十八票、李國愛（係在南棧做工）得二十五票、李三才（係在南棧做工）得二十五票、楊四（係在廣裕做工）得二十四票、梁祥（係在東裕泰做工）得

二十一票。

（二）第一區分部（利源豐）執行委員三人：
羅七，得三十票、劉彬，得二十八票、
張金，得二十五票。

候補委員三人：莫兆、張九、張恩。

（三）第二區分部（粵興和、南昌、聯豐）執
行委員三人：江開，得二十八票、陳義，
得二十四票、黃金才，得十四票。

候補委員三人：鍾水，得十三票、羅得，
得十一票、張天，得九票。

陳義已當選為區委員，由鍾水補上。

（四）第三區分部（廣裕）執行委員三人：陳
金水，得十三票、黃晚、張西幹，均得
十一票。

候補委員三人：黃二、黃金梅、黃新。

（五）第四區分部（南棧）執行委員三人：陳
子明，得十一票、李三才，得十票、李
愛，得九票。

候補委員三人：莫三、鄧耀南、劉林。

（六）第五區分部（東裕泰）執行委員三人：
梁祥，得九票、何立，得六票、藍記，
得五票。

候補委員四人：李義、胡登、劉平、
江三。

（七）第六區分部（朱有蘭）執行委員三人：
陳金，得十四票、陳意，得十一票、潘

金德，得十一票。

候補委員四人：謝貴、楊大養、陳香、陳瑞。

（八）第七區分部（祥豐泰）執行委員三人：邵連，得五票、陳金嬌，得四票、成華，得四票。

候補委員二人：馮作、馮鏡。

（九）當選者俱是工廠中之工人黨員。

以上是組織花地區黨部結果。惟廣州市各區黨部俱係以數目次序，未有繫以地名者，該黨部似不宜歧異，擬假定為廣州市十三區黨部，伏望提出中央執行委員會公決。

組織部指導員劉爾崧報告　十三年三月廿日

三、組織廣州市工人演講比賽會草案。（工人部提出）

決議：將原案修改通過。茲將全文照錄如下：

理由：（一）工人之演說人才為工人運動之要素，本黨應藉比賽會之組織，培養工人中之演說人才，以為工人運動之基礎。

（二）惟工人能深入工人群眾之中，而本黨黨義，工人方面多未了解，此演說比賽會之組織，係養成本黨之工人宣傳人才，以為達宣傳黨義於工人之目的。

辦法：製定工人演說比賽會簡章如下：

（一）每工會為一隊，人數不限定，但不得少過十人，每隊設隊長一人。

（二）每隊在各該工會每十日開隊員比賽會至
　　　少一次。

（三）每三個工會每月開比賽會二次，地點一
　　　在河南海幢寺後，一在第一公園，會期
　　　每月之第一、第三兩星期日，其比賽次
　　　序，由本會編定之。

（四）每三個分隊開全體演說比賽大會一次。

（五）三個工會比賽會中，每隊比賽人數不得
　　　超過三人，全體比賽大會，每隊比賽人
　　　數不得超過二人。

（六）公開比賽會，各隊成績由大會聽眾用普
　　　通投票式決定之，每次比賽結果，以團
　　　體為單位計算其成績。

（七）公開與非公開（各該工會隊員間比賽會）
　　　比賽會之演講題由本會規定之。茲規定
　　　講題十種如下：
　　　1. 民族主義
　　　2. 共和與專制之分別：（甲）共和國家
　　　　 之人民（乙）專制國家之人民
　　　3.「國中有國」之意義
　　　4. 勞工法與勞工關係
　　　5. 工人與農民之關係
　　　6. 工人與軍人之關係
　　　7. 國家實業發展與工人之關係
　　　8. 工人之生活及其改良之方法
　　　9. 世界之工人與中國之工人各有何種任務

10. 中國政治之現象

（八）公開比賽會之成績最優者，由本會分別
獎勵，獎勵辦法另定之。

（九）各隊之演說材料由宣傳部供給之。

（十）此會由工人部、宣傳部聯合管理之。

四、調查國內外日報期刊表說明。（宣傳部提出）

決議：照原案通過。

調查國內外日報期刊表說明

理由：（一）年來國內外出版之日報期刊，統計不下千
數，其中有為本黨黨報者，有為準黨報
者，有為非黨報者，非有切實之調查，無
從知其底蘊。

（二）國內外出版之日報、期刊，種類至繁，派
別不一，非有切實之調查，不獨對於本黨
黨報或準黨報，未能盡其審定糾正指導之
責，即對於非黨報中之反對派，無從駁
辯，接近派無從聯絡，中立派無從溝通。

（三）本部為求將來供給本黨宣傳資料於各地
黨報、準黨報或其他日報、期刊便利起
見，事實上有須切實調查國內外日報期
刊真相之必要。

基上三因，本部特為擬定調查國內外日報
期刊之標準，及製定調查表式分類如次：

（甲）調查表之標準

（一）受本部管理者認為黨報。

（二）不受本黨管理者而有本黨黨
員主持其重要報務者，認為
準黨報。

（三）無上列（一）（二）兩種情
形者，認為非黨報。
非黨報分析為三派如下：
A. 反對派
B. 接近派
C. 中立派

（乙）調查表之分類

（一）名稱

（二）種類（日報或何種期刊）

（三）所在地及地址

（四）派別

（五）主持報務及編輯人姓名黨籍

（六）經濟來源

（七）資本約數

（八）出版張數及頁數

（九）營業狀況

（十）何界銷售最多

（十一）日刊或期刊本身之略史

（十二）備考

本調查表擬於本月底之廿五日以前印發國內外本黨各機
關報或其他機關，請其如在可能的情形之下，速將各該
地出版日報、期刊，調查清楚，依式填就寄回本部。彙
交日期：國內及日本限四月底以前，國外南洋各埠限五

月底以前，美洲限六月底以前，一俟國內外此項調查表
彙齊，即由本部將調查結果，編輯印發國內外本黨各機
關報及其他機關，傳明真相，以便一致注意，所有上
開擬就調查國內外日報期刊表各節，是否有當，即請
公決。

附表式一種

調查國內外日報期刊表說明

名稱	
（1）種類（日刊或何種期刊）	
（2）所在地及住址	
（3）派別	
（4）主持報務及編輯人之姓名黨籍	
（5）經濟來源	
（6）資本約數	
（7）出版張數及頁數	
（8）營業狀況（銷售約數）	
（9）何界銷售最多	
（10）日刊或期刊本身之略使	
（11）備考	

附說
表內第（6）、（7）兩項係注意該報之經濟基礎，第（9）項係注意該
報勢力之大小，第（10）項係注意該報材料之應付，第（12）項係注
意本黨黨報之改良方法、准黨報之指導方法、非黨報之應付方法等。

五、南洋總支部問題。

決議：照原案通過，原文如下：

三月二十一日開談話會，到會者鄧澤如、詹菊
似、譚平山，議決事項如下：

（一）組織問題　現在經費無著，且事務亦非
繁，故擬暫設部長一人，書記一人，俟

　　　　　　將來陸續擴充。

　　（二）經費問題　南洋總支部經費應由南洋各黨

　　　　　　員供給，但目下暫由中央黨部酌量津貼。

　　（三）部長問題　由中央執行委員會海外部提

　　　　　　出，請總理指派。

六、香港黨務調查報告案。

決議：照原案通過。承認調查員修改案，即由中央執

　　　行委員會致函香港工團總會同志轉各工會同

　　　志，然後由工團總會另分函各工會同志，召集

　　　改組會議。

香港黨務調查報告案

（一）香港黨部概況

　　　香港黨部有二，一為聯義社，一為公平工會（即酒

晏工會），人數則無從調查，因據二月廿三日晚各工會

黨員代表會議多數報告，該第二分部對於黨務甚為放

棄，而且甚為獨斷，即該部職員亦無從知悉黨務之進

行，而以前加入之各工會黨員亦多未領證書，因而失信

於工人。

（二）各工會黨員會議之言論

　　　廿三晚在聯務工會開會，到會者有茶居工會、唐鞋

工會、革履工會、同協工會、酒樓工會、海員工會、聯

義社、女子工業工會、車衣工會、義安工會、持平工

會、木匠工會，茶居工會代表文棠主席。

　　　持平工會黨員代表黃金源主張：香港黨部改組籌

備員，中央執行委員會須委工團總會任之，不可特別

委人。

　　茶居工會代表文棠主張：中央執行委員會發委之後，由工團總會自行選舉。

　　車衣工會代表梁子光主張：由工團總會選出籌備員之後，再由中央加委。

　　決定由中央致函工團總會同志推選改組籌備員。

　　聯義社代表梁日青主張：多發一函至華工總會，選舉改組籌備員。

　　木匠工會黨員代表杜滄洲主張：不必另行接洽，只用工團總會名義召集該會黨員。

　　本調查員修改為：由中央執行委員會致函香港工團總會同志轉各工會同志，然後由工團總會另分函各工會同志，然後由工團總會另組分函各工會同志，召集改組會議。

全體通過此義。

　　　　　　　　　　　　　　　香港黨務調查員馮菊坡

　　按中央黨部議決案，經決定組織港澳總支部，歸海外部管理，現據調查員報告前來，特提出公決。

七、陸軍軍官學校籌備處王登雲提議：組織革命軍事講
　　演討論會案。

決議：照原案修改通過。

理由：俄國革命軍事行動在吾人眼中極有研究價值，中
　　　國革命經驗及事實，吾人亦應討論故提議組織
　　　革命軍事演講討論會，茲並擬定簡章如下：

革命軍事講演討論會簡章

十三年三月二十七日一屆十七次常會通過

宗旨：本會以澈底研究革命軍隊組織、訓練、召
　　　集、遣散，及其他與政治經濟有密切關係之
　　　問題為宗旨。

研究方法：講演並討論中國過去革命戰史，以求出適合
　　　　　中國情況之革命軍事原則，並旁及世界各國
　　　　　革命戰役，特別注重俄國革命戰史，切實討
　　　　　論其成功失敗之要點，及各國革命時代前後
　　　　　之軍事狀況，如何準備，如何召集發難，如
　　　　　何善後種種問題，以求出各國革命軍事之原
　　　　　則，作吾黨採擇之資料。

會員：凡為陸軍軍官學校職教員，或現革命政府
　　　所轄各路軍隊之高級軍官，或中國國民黨
　　　中央執行委員會各委員、各部長，或大本
　　　營高級軍官，或外國革命同志，願入本會
　　　者，由會員二人介紹，得為會員。

會期：本會每星期應開常會二次，每星期三、六
　　　兩日下午四時至六時止，每次由預先推定
　　　一人演講一點鐘，餘時作為討論時間。

會址：本會會址暫定陸軍軍官學校籌備處，即廣
　　　州市南堤二號。

職員：本會設會長一人，副會長二人，秘書一
　　　人，均由會員選出。

八、執信學校、女子師範學校、工讀學校，將來成立之

區分部劃歸第一區黨部管轄問題。

決議：因以上三校係介在第一區第二區之間，因利便上
　　　承認為憑，劃歸第一區黨部範圍。

九、區分部人數限制問題。

決議：除工廠學校外，各區分部人數最多以三十人為
　　　限，但仍須由組織部將限制人數理由及具體方
　　　法，分別製成議案，提出公決施行。

第十八次會議

十三年三月三十日

到會者：孫總理　廖仲愷　林　森　張秋白　鄧澤如
　　　　李宗黃　彭素民

主席：孫總理

常務委員：彭素民

報告事項

一、宣讀第十七次會議紀錄。

討論事項

一、常務委員報告：楊友棠函稱：楊委員希閔奉命出發
　　東江督戰，關於執行委員之一切事務文電，指派友
　　棠代理掌管，友棠於中央執行委員會開會時能否列
　　席旁聽云云。

決議：准其出席旁聽。

二、組織部提出：發黨證之規定草案，附廣告稿。

決議：發黨證之規定通過，廣告修正通過，即發報館
　　　登佈。茲錄全文如下：

發黨證之規定：

（一）自四月一日起至十二日止，每日上午九時至
　　　十二時下午二時至五時，為發黨證時間，四月
　　　十八日以後則隨到隨發。

（二）凡黨員必須先到所屬區分部，將黨員調查表照
　　　式填妥，由區分部發回調查完畢證，即攜此調
　　　查完畢證到本會領取黨證。

（三）凡黨員必須親到本會領取黨證，不能假手別人。

（四）凡黨員領黨證者，必須攜備本人半身二寸軟膠
　　　相片一張，由本會發黨證處將相片貼入該黨證
　　　之內，打一水印，編列號數，隨即發還本人。

（五）領黨證者，到本會發黨證處掛號，按次發給，
　　　庶免擁擠。

（六）違反以上規定者，概不發給黨證。

三、謝委員提出：津貼北京時言報案。

決議：交北京執行部斟酌辦理。

四、秘書處提出：解決「司法無黨」問題案。

決議：吾黨以黨治國，黨政府下之官吏，除政府需要專
　　　門技術人才，可取用非黨員外，其餘概須入黨。
　　　至趙士北不明此義，決不能實行本黨政策，應由
　　　政府免職，當經總理核准，由政府免趙士北大理
　　　院長職，改任同志呂志伊。（附記：本案緣由本
　　　會因根據第十次決議案，應收黨員所得捐，故製
　　　定黨員職務調查表，分發各機關調查填報，乃大
　　　理院長趙士北覆函稱：「司法無黨」，未便由院
　　　飭令填報云云，故有此項提案。）

五、工人部提出：工廠工人調查表案。

決議：通過。

中國國民黨中央執行委員會工人部調查表第　　種

地方　區黨部第　區分部報告　年　月　日

廠名	部名	所管事務	匠領姓名		匠領數目		學徒數目		雜役	備考
			總匠目	首領	男	女	男	女		

說明：
（一）所管事務欄須詳細指名工作種類。
（二）總匠目即工頭或 No. 1 領首即 No. 2。

六、工人部提出：貨船協會總部等請代陳撤消船民自治
　　聯防案。

決議：停辦；當經總理核准，令船民自治聯防督辦自行
　　　辭職，停辦聯防。

七、中央監察委員會移交吳鐵城彈劾朱文柏、黃大漢、
　　謝德臣三人審查案。

決議：朱文柏、黃大漢、謝德臣三人永久革除黨籍，並
　　　在黨報登出原委，審查報告另刊。

中央監察委員會審查報告書第一號

一　案由

　　為黨員不守黨規在外招搖出彈劾請予懲戒事

彈劾人：吳鐵城

被彈劾人：朱文柏　黃大漢　謝德臣

二　本案事實

　　查朱文柏、黃大漢、謝德臣三人均係本黨多年同志，現充廣州市公安局偵緝等職因本省米行商風潮久不解決，該三人乃用（中國國民黨華僑聯合辦事處維持民食團）名義出而干預以期救濟米荒，嗣於本年二月廿七日邀約各社團暨該行東西代表各六人，在大新公司開正式會議。列席者有中央執行委員會代表、廣州總商會代表、廣東總工會代表、善後委員會代表等公同討論，其結果雙方訂定條件簽名解決，其條件原文如次：

元月二十三日各種團體解決未未潮議決案抄白
（一）將為罷工以前原有章程恢復有效
（二）因為未潮工人罷工離否應該一律請回復職，倘工人有不守正當規，有證准可隨時開除。
（三）應該副業之工人由解決日起限一星期復業，倘過期不復職，由東行自由另請別人。
（四）由解之日起當報三天通告工人回店，並由調處會另函通知該工人轉知。
（五）將原日磅手管店工人薪金每月每元加艮參毫非續月遞加。
（六）華僑懷槍恐嚇工人勒迫簽名開工事，該工會代表當眾答覆並無此事。
（七）省辦店司事人與買手、賣手每得份半，正副掌櫃與管店磅手均分一份，後生酌量分配。

各代表簽名如左

中國國民黨中央執行委員會代表臨時主席：董　維

廣東善後委員會代表：王鏡波　陳鶴儔

廣東總商會代表：謝名三　黃載堂　羅耀庭

維持民食團代表：黎炎新　董光漢　鄧宏順　潘□航

　　　　　　　　朱文伯　高亦云　黃大漢　陳勤軍

書記：呂子礦

米行：養和堂　永安堂

米機行代表：歐陽竹明　葉春田　歐陽樹伯　黎明初

　　　　　　鄺利明　蔡式然

米行西家代表：黃達三　陳國章　馮偉初　鍾明德

　　　　　　　郭澤南　葉瑞南

米行：養和堂　永安堂　米機行　披露　廿三日

　　以上七條經由列席各團體代表一律簽名，此事已告結束。翌日各報管即將該條件登載，惟和平報所登載者，其第六條末句「並無此事」易為「免予追究」，該維持民食團以為此事實不符，即由黃大漢率同華僑周松、溫耀林、劉林、李坤等向和平報查閱原稿，該報司事初允交閱，適有名郭麗川者不允，因生爭執糾纏到報界公會。據郭麗川聲訴，當時黃大漢曾以鞭竿打其右手，除扶赴警察八區署理論外，遽以現象報出頭於報上大書特書，謂國民黨總華僑毆打其編輯，並且電各軍政機關及全國報界，竟誤認華僑聯合辦事處為黨部，指黃大漢個人行為係代表國民黨機關之行為，總理文之一以其濫用本黨名義越軌妄為，諭令公安局長吳鐵城拘留查辦，經由公安局將黃大漢毆打編輯一案，按照違警罰法

第五十條第一款，處斷了結。現吳鐵城以黨員資格將本
案向中央執行委員會提出彈劾，茲由中央執行委員會將
此案移交本會審查。

三　本案證據

一、人證　郭麗川

　　稱被毆打經照違警路律辦結，本會無容查詢。

二、物證　彈劾書之附件

（一）現象報快郵代電一紙：此件係關於毆打編輯情
　　　事，既由公安局另案辦結，自非彈劾之目的
　　　物，本會只可視為一種旁證。

（二）現象報彙載新聞一紙：此件全係關於米行風潮
　　　之紀載，當視為參考之資料。

（三）自署國民黨華僑聯合公啟之傳單：此件係宣佈
　　　被彈劾人罪惡之及印刷品，惟查函面並無發信
　　　住所傳單，亦無負責人名實等，匿名揭帖當然
　　　無效，故不審查就範。

（四）廣州市第六區黨部常務委員方瑞麟報告一件：
　　　內云該區部關於本案，經開各區分部聯席會議
　　　審查，該三人平日熱心黨務，並無違背黨綱為
　　　證明等語。

四　審查要點

　　查閱彈劾書所稱各節，係按附件所指事項，連同訊
問口供引述，以惟彈劾除認定毆打為違警律另案辦結
外，只言不守常規在外招搖，素非安分，莫可諱言，並

定無指定何種事實為彈目的，自當按其所引述各事實，分別採擇其有關於黨綱黨義常規，加以審查，其所據以為訊問者共有四事：（1）「私運鴉片」（2）「私運軍火」（3）「受資本家賄賂持槍嚇迫工人」（4）「毆打報館編輯」。第一、二兩項既無人證，犯罪當然不能成立，當無容議；第四項事關毆打，當認為個人問題，且既經判處違警亦無庸，惟第三項，惟壓迫勞工直接關係本堂主義，本案主要專在此點，當經將米潮經過詳細情形調查確鑿，茲特分別條述如次：

一、米行風潮係因海陸理貸員工會，於舊曆歲臘向米行東家提出要求而發生罷工踰月。

二、理貸員工會每日派人干涉工人工作制止起卸，以致全市米荒，歷經本黨及官廳勸諭不獲解決。

三、朱、黃、謝三人發起組織持民食團，其宣佈目的原在救濟米荒，其宣佈辦法係一面以實力保護米行起卸貨物，一面調處勞資兩方使各讓步。

四、該維持團標誌係用「中國國民黨華僑聯合辦事處維持民食團」名義。

五、該維持民食團係以華僑一百餘人組成，內分三科辦事雇紫洞艇二艘泊同德大街口為辦事地點每餐需用飯菜十二、三桌並有小輪一電船一協同軍警往來梭巡該團，立後與該工會接洽一、二次不得要領以後，再無向工會磋商。

六、關於受資本家賄賂一節，查無實據，惟該團辦事處經費係由東家方面供給屬實。

七、正月十七日米行開市之日，該團派對數十人會同軍

警持槍保護。

八、舊曆正月十六日，米行東家養和堂在叢桂南街叢樂園定酒菜十三桌，每桌五元五角宴請維團中人，曾親到叢樂園查詢是實。

九、舊曆正月廿三（即三月十七日）召集各社團及米行東西在大新公司開會，經由東西家雙方訂定條件簽名解決。

十、廣東省公署及市廳因解決米潮事，曾給朱、黃、謝等以獎牌。

十一、舊曆二月初間有米糠行新工會之組織，係由朱、黃、謝三人及舊日理貨員工會職員黃廣就等，幹旋成事即以黃廣就為會長。

十二、理貨員現時會長係譚偉民、郭植泉，原有一千四百人現在脫離此工會而加入米糠工會者約三百餘人，東家不許復職之舊工會工人約有六、七十人。

十三、現因米行東家為被條約不須工人自由復職，凡復職者須先繳銷為日工食襟章證書，並須登報三天。

五　審查意見書

按朱之文伯、黃大漢、謝德臣三人，因米行風潮組織維持民食團以調處勞資兩方，救濟米荒為職志，原屬義舉，無可訾議，惟據調查所得，則覺該團行跡實有可疑之處，茲謹列論如次：

（1）該維持民食團係用中國國民黨華僑聯合辦事處

名義（參照審查要點第四項），發起勿論，其原
有之聯合辦事處實係一華僑俱樂部而非黨部機
關，但冠以中國國民黨各辭，難免惹起外界之
誤會，況米潮關繫勞資兩方機抗事體重大，就
以黨員私人資格出任維持亦當顧慮本黨主義，
今竟未經報告未得上級黨部認可，遽然標題本
黨名義，組織特別團體，實有濫用黨名在外招
搖之嫌。但查本黨總章關於黨員個人行為，除
第十三章第八十一八十二兩條外，並無專條，
而該兩條所指亦與本案異趣，且又無報告及允
許之規定故。

（2）該維持團辦辦事有百餘人之多，租用紫洞艇及
汽輪電輪又每餐飯菜十二、三桌（參照要點第
五項），其銷費浩繁，當可概見該團雖或仗義
而來，實際亦無疑義（參照要點第六項），又
復受米行養和堂之宴請（參照要點第八項），
而對於工會方面則除接洽一、二次外，並賄賂之
證亦難免有偏袒之嫌，是其對於本黨第一次全國
大會宣言中第二節第三款之民生主義，及第三節
乙款第十二項扶植工人之意義似有違背。

（3）二月十七日米行東西兩家簽押之解決條件第六
條，關於持槍嚇迫工人一事，雖經西家六代表
簽名證明並無其事（參照要點第　項），又經
中央執行委員會傳訊該工人代表，亦不承認然
開市之日該團曾派隊數十人會同軍警持槍保護
（參照要點第　項），此即工人所指為嚇迫者，

　　按之事實雖為救濟米荒，應用之手段要亦挾有
　　威壓之意味。

　　依以上論斷，黨員朱文伯、黃大漢、謝德臣三人干
預米行風潮之所為，應否視為不守黨規違反黨義，施以
相當處分之處當由。

　　貴會提出解釋裁奪所有審查吳鐵城彈劾朱文伯、黃
大漢、謝德臣三人不守黨規，現在外招搖情形，謹依照
本黨總章第十一章第七十二條之規定，及中央黨部議決
案第四條第三款造具報告書連同本案文件送貴會察核。

　　　　　　　　　　　　　　　　中央執行委員會

　　　　　中央監察委員會鄧澤如　楊庶堪　劉震寰

　　　　　　中華民國十三年三月三十一日

八、海外部提出：請總理指派朱赤霓同志為南洋總支部
　　部長案。

決議：通過，當經總理核准照派。

第十九次會議

十三年四月七日

到會者：孫總理　林　森　鄒　魯　彭素民　鄧澤如
　　　　廖仲愷　譚平山

主席：孫總理
常務委員：譚平山

報告事項

一、宣讀第十八次會議紀錄。

關於第十八次會議錄討論事項內第二項中，發黨證之規定事三條：「凡黨員必須親到本會領取黨證，不能假手別人」。經由總理最後決定，改為「除自行到會領取外，如因職務上關係，不能自行到會領取時，可將本人相片及調查完畢證，交由所屬之區黨部或區分部常務委員彙齊到會代領。」

二、組織部部長譚平山報告組織順德黨部情形。

組織部長譚平山報告組織順德縣黨部情形

中央執行委員會公鑒：

關於組織順德縣黨部事，宜先以順德分部名義，於四月一日召集改組會議一項，前經報告，計是日到會者二十餘人，首由委員報告改組經過，解釋宣言總章，次討論順德黨部組織方法。茲將決議要點錄下：

1. 推定籌備員李民智、張寶南、羅拱辰、郭竹朋、梁次狂、鄭月朗、梁著泉、蔡景周八人，組織中國國

民黨順德縣黨部，籌備處地址即設在順德縣城前直街原有分部內。

2. 決定可著手組織之區為第一區（本城），第二區（倫教），第五區（樂從），第六區（龍眼）、第七區（龍江龍山）。

3. 籌備員李民智、郭竹朋、張寶南、羅拱辰四人在本城，鄭月朗在二區，梁次狂在五區，梁著泉在六區，蔡景周在七區，分任籌備事宜。

改組會議散會後，即由在本城之籌備員四人，開籌備會第一次會議，委員及馮菊坡同志均出席，其決定事項如下：

(1) 第一區在四月二號開始黨員登記：

登記地點，一在南茶居工會，由李元擔任；一在北門，張寶南、羅拱辰擔任；一在分部，李民智、羅享、高恩沛擔任。

(2) 登記時間定三日。

(3) 五日開黨員大會，同時組織區分部及第一區黨部。

(4) 第一區黨部即設在原有分部地址。

(5) 可著手組織之區，亦即派人籌備及舉行登記。

(6) 籌備員在籌備第一區黨部期間，每日下午七時開會一次，以後每星期開會兩次，時間另定。

(7) 經費一項，除中央補助費外，另舉行特別捐。

以上是改組會議之結果，至委員與菊坡同志所預定進行者，則如下：

1. 三日早附官山輪往樂從，是日即開第五區黨員大會，組織各區分部及第五區黨部。

2. 是日附官山輪返大良，約下午四時經過倫教，開第
二區黨員大會，組織各區分部及第二區黨部。

3. 五日早返順德城，十二時開第一區黨員大會，組織
各區分部及第一區黨部。

4. 六日早赴龍眼，組織第六區黨部及各區分部。

5. 七日早返順德城，如無特別事故，即日返省。

　　以上第二區、第五區、第六區三個地方，俱已派人
著手籌備，依以上預定計劃，順德縣有四個區黨部成
立，依議決案，可以組織縣黨部，約三個星期內，即能
成立。

討論事項

一、組織部指導員報告：調查江門、香山黨務報告案。

決議：照原案批准，並派員組織。

調查江門黨務報告

一、現有黨員人數——共一百人，車衣工會十三人，船
艇工會十二人，輪渡工會三人，茶居工會二人，酒
樓茶室工會四人，木藝工會一人，輾穀工會一人，
油業工會一人，其他未註明某種職業之工界十九
人，商界十八人，學界五人，軍政界十六人，醫界
一人，報界一人，分部服務三人。

二、希望中之黨員人數——共一百八十五人。茶居工會
三十人，船艇工會二十人，車衣工會三十人，輾穀工
會二十人，葵掃工會十八人，輪渡工會五人，木藝
工會五人，酒樓茶室工會五人，油業公會六十人。

三、設置計劃——按江門警察區現分四區：市之東部為
　　第一區，市之西部為第二區，北街為第三區，河面
　　為第四區。現擬依照原有警區區域，設置四個區黨
　　部，計劃如下：

　　A. 第一區黨部

　　　　(1) 茶居工會現有黨員二人（係職員）。將來可
　　　　　　加入者三十人之多，可設一區分部，其附近
　　　　　　之零散份子加入之。

　　　　(2) 葵掃工會現雖無黨員，但已有十人預備加入，
　　　　　　可設一區分部，其附近之零散份子加入之。

　　　　(3) 水南鄉有教員一人，商人五人，工人五人，
　　　　　　可設一區分部。

　　　　(4) 區內有榨油廠十五間，共有四百工人，以上
　　　　　　將來至少亦可成立三個區分部。

　　　　(5) 區內有米機八間，共有五十三個工人，將來
　　　　　　亦可成立一個區分部。

　　B. 第二區黨部

　　　　(1) 車衣工會現有黨員十三人，預備加入有三十人
　　　　　　之多，可設一區分部，附近街坊黨員屬之。

　　　　(2) 酒樓茶室工會，現有黨員四人，將來亦可得五
　　　　　　人加入，可設立區分部，附近街坊黨員屬之。

　　　　(3) 輪渡工會現有黨員三人，將來可希望加入者有
　　　　　　五人，可設一區分部，附近街坊黨員屬之。

　　　　(4) 木藝、輾穀兩工會之會所相連，皆在鐵路
　　　　　　旁，可將現有黨員聯合附近街坊黨員，組織
　　　　　　一區分部。

　　(5) 區內有榨油廠二間，米機二間，共有五、六個工人，將來至少亦有成立一個區分部之希望。

C. 第三區黨部

北街方面現只有黨員五人，僅可成立一個區分部，可暫作為代理區黨部。

D. 第四區黨部

　　(1) 船艇工會有黨員十三人，可希望加入者有三十人，至少可成立一個區分部。

　　(2) 河面雖闊，惟現有黨員太少，可將河面一帶地方，加入第四區黨部區域，因河面方面有榨油廠三間，共有工人九十餘人，將來有每廠成立一區分部之希望。

說明：上述區分部之設置，有地域相近，而組織有以工廠為單位者，以故同屬工界、如車衣、茶居⋯⋯等，與油業、輾穀等亦有所不同，此因車衣、茶居等皆屬店員組合，故須以工會為基礎，較易於組織；而油業、輾穀皆屬於工廠工人，故以工廠為單位，較為利便也。至河面方面，則學校較多，將來該區分部可以學校為中心也。

　　　　　　　　　　　　劉爾崧報告　四月一日

調查香山黨務報告案

（一）黨員人數

　　（甲）現分部名冊之上人數——共三百二十三人。

第一區（即香城、石岐）二百人，計工界八十七人，學界四十人，商界十二人，華僑九人，農界六人，軍界

十八人，警界八人，政界一人，醫界五人，報界二人，紳界二人。第二區（即隆都）十八人，計工界六人，學界五人，軍界二人，警界二人，華僑四人。第三區（即小杭）十二人，計農界三人，工界二人，學界二人，軍界四人，紳界一人。第四區（即東鎮）七十六人，計農界九人，工界二十三人，商界八人，學界十八人，軍界五人，警界四人，華僑五人，其他四人。第五區（即谷都）八人，計華僑三人，學界二人，工界一人，商界一人，軍界一人。第六區（即上恭都）三人，軍、警、學界各一人。第七區（即下恭都）一人，政界。第八區（即黃梁都）三人，計學界二人，工界一人。第九區（即黃旗都）二人，工界一人，縣議員一人。

　　（乙）現在分部未登記之黨員人數——查鐵城同志任分部長時之名冊，共有黨員一千二百零八人，九區均有分區之設，後因陳變去職，改由阮渭樵同志任分部長，僅有小部分黨員登記，其大多數未登記之黨員，或已出洋，或已來省謀事，或不滿意於現分部，或由現分部辦事之不周密，種種原因，不一而足。

　　（丙）希望中之黨員人數——約二百人。海員工會三十人，漁業工會十人，革履工會十人，木匠工會十人，銅鐵工會廿人，理髮工會十人，造酒工會十人，屠業工會十人，泥水工會十人，紙業工會十人，輾穀工會廿人，油業工會卅人，酒樓茶室筵席工會十人，車衣工會十人。

說明：（甲）項之人數仍有許多地址不確實，或已加入
　　　　廣州市黨部者，核實必無此數。（乙）項則必

須重新登記方能知其確數。至（丙）項則全屬
工人，且以第一區為多，此因各區黨員太少，
且散處各鄉，無從探訪也。

（二）設置計劃

　　依據上列黨員人數，只有第一、第四兩區能夠組織
區黨部，其餘各區均難於短促期間成立。現為促成縣黨
部之組織起見，擬將第一區分設兩個黨部，即香山城內
為一區，石岐為一區，如此設置，除為促成縣黨部之組
織外，尚有兩個重要理由：

(1) 現分部名冊內之黨員香山城與石岐居最大多數。

(2) 石岐為全縣人民商業工業文化等集中地方，將來黨
　　務之發展，黨員人數之增加，必非各區所能及，僅
　　一區黨部，不足以資指揮，茲特將區分部區黨部之
　　設置計劃如下：

　　甲、第一區內依現警區共分十三分所，城內與城東
　　　　北隅共六個分所，石岐共七個分所，區分部之
　　　　設置，可以此為區域。

　　乙、在城內與石岐兩處有黨員住在之團體，如商
　　　　團、工會、工廠、學校等人數眾多者，可另設
　　　　區分部。

　　丙、城內有中等學校三間，惟黨員甚少，一時尚難
　　　　加以黨的組織。至工界如屠業、銅鐵、雕花、
　　　　棉業、縫業、輾穀六工會中，銅鐵、屠業、輾
　　　　穀三工會，即可組織一區分部，雕花亦可希望
　　　　組織一區分部，合城內現有全體黨員，至少可
　　　　成立五個區分部，即以此組織第一區黨部，可

設在仁厚坊現分部內。

丁、石岐方面有海員、漁業、造酒、革履、紙業、車衣、油業、理髮、木匠、泥水、廚雜、杉雜、酒樓、茶室、筵席、集賢等工會，皆有本黨黨員，海員、油業、木匠、酒樓、茶室、筵席等四工會皆可組織一區分部，合各分所黨員，至少可組成六個區分部，即可以此組織第二區黨部，辦事處可附設任何一個工會。

戊、第四區內（即東鎮）共有黨員七十六人，可設三個區分部：

　　1. 紫馬嶺有黨員七人，可組一區分部。

　　2. 陵岡鄉已有黨員七人，可組一區分部。

　　3. 合口水與白企兩鄉相連，已有黨員六人，可組一區分部。

　　4. 其餘各鄉，仍有許多黨員，可附屬上列三個區分部。

己、小欖方面，黨員太少，市黨部之設置，須從緩辦。

組織部指導員劉爾崧報告

二、閩籌備員江董琹報告：閩省黨部籌備情形，及請示應選省執行委員若干人，候指定案。

三、閩籌備員江董琹請示省黨部候補執行委員，及省監察委員額數，並請定選舉辦法案。

決議：上列兩案決議如下：

1. 根據第三次中央黨部會議討論事項第一項，各省黨務進行計劃案，福建應設臨時省執行委員會，受中央執行委員會之指揮，辦理本省黨務，福建臨時省執行委員會之組織，應由該省籌備員召集福建黨員會議，推定臨時省執行委員七人至九人，組織福建臨時省執行委員會，召集福建黨員會議。召集會議之地址，由籌備員決定之。

2. 依據各省黨務進行計劃，臨時省執行委員會無設置候補執行委員及監察委員之規定，茲決議：候補執行委員定為五人，至臨時省執行委員會為臨時機關，事實上無設置監察委員之必要。

3. 選舉方法，可由黨員會議決定之。

4. 廈門應作為重要市鎮，設置廈門市黨部，直接於福建省黨部，不歸思明縣黨部管轄，但來函所定之五個區分部區域，可改作區黨部區域，即本市為第一區黨部及第二區黨部區域（本市劃作兩個區黨部區域，以何者為界，應明白規定之），鼓浪嶼為第三區黨部區域，廈門港為第四區黨部區域，禾山為第五區黨部區域，於每個區黨部區域之內，分設若干區分部，其次第可以成立之先後，定為第幾區分部，每個區黨部區域，如有三個區分部成立，即召集全區黨員大會，或區分部代表大會，組織正式區黨部，在未成立正式

區黨部之先（即一個區黨部區域內，只有一個區分部或兩個區分部時），可由臨時執行委員會委託其區域內之區分部代理執行區黨部職務。又廈門市若有三個區黨部正式成立時，即召集全市黨員大會或代表大會，組織廈門市黨部。在市黨部未成立之先，所有市區內之區黨部或代理區黨部，皆歸福建臨時省執行委員會直接管轄。

四、桂省籌備員報告：粵桂兩處共推候選省臨時執行委員二十四人，請擇委案。

決議：不能在廣州選舉，當另函知廣西籌備員另定辦法。

桂省籌備員報告：粵、桂兩處共推候選省臨時執行委員24人，請擇委案。

逕啟者：

前奉鈞會函開委任無涯、卓凡為廣西臨時政府省執行委員會籌備員，當即著手籌備，惟查本黨廣西黨員旅粵省時居多數，爰將特先行在粵召集黨員會議於三月十八日開會，當場議決由眾公推施正甫、黎工佽、陸涉川、蘇無涯、蒙卓凡李丹山、雷在漢、徐天放、周楊亞、徐啟翔、鄧定寰、劉君勃等十二人為廣西省候選臨時執行委員事竣，無涯、卓凡即遄返本省籌備，通告省內黨員於三月三十日在梧州開黨員會議，當場議決由眾公推李濟深、馬曉軍、吳興、許焀奎、李天和、區家偉、崔履升、陳季川、劉覺任、李家驥、羅權、李家勉

等十二人為廣西省候選臨時執行委員，計粵、梧兩處會
議結果合共選出候選臨時省執行委員二十四人，籌備已
告完竣，茲謹具呈報對於廣西臨時省執行委員，應請於
二十四人中選委以專責成實為公便，此上。

　　　　中國國民黨中央執行委員會中國國民黨廣西臨時省

　　　　　　　　執行委員會籌備員蘇無涯、蒙卓凡

　　　　　　　　　　　　　十三年四月二日

五、墨西哥支部請開除余毓緒黨籍並通緝案。

決議：此案應守秘密，交中央監察委員會核辦。

六、海外部提出：鄺值民、李錦提議，海內外各支分部
　　每屆當選職員，均須具相片存案。

決議：照原案修改通過。（全案如下）

　　　凡海外各支部每屆當選職員，均各具四寸半相
　　　片三張，分別存案。

　　（甲）註明冊籍、號數、姓名、年歲，由各該本
　　　　　支分部寄呈中央執行委員會登記備案。

　　（乙）照甲條填明姓名、號數，在各該支分部
　　　　　存案。

　　（丙）將當年選定職員，每員一張，懸掛該支分
　　　　　本部黨務辦事處，俾各同志得易認識。

七、海外部提出：鄺值民、李錦文提議辦理中國國民黨
　　建國儲蓄金案。

決議：緩辦；俟下次大會酌量提出。

八、工人部提出：工人代表會議辦法、工人代表會選舉
條例及工會或工廠報告書。

決議：照原案修改通告。

工人代表會辦法（通知書）

啟者：

本黨為圖謀工人幸福，增進工人知識起見，特定於五月一日（勞動節日）在教育會開工人代表會議，連開五日，其議事日程如下：

第一日（1）孫總理演說中國政治狀況

第二日（1）廖部長報告本黨政綱

（2）工人代表報告

第三日（1）討論孫總理、廖部長之報告

（2）工人部報告工人組織問題

第四日（1）討論工人組織問題

第五日（1）選舉工人代表會執行委員

凡屬市內工人，應於四月廿五日以前，依照本會工人部規定之選派條例，選派代表到部掛號，並依照部定之格式，繳納書面報告及該會選任證書，屆時出席，事關工人自身利益，請勿放棄為盼。此致

中國國民黨中央執行委員會啟

工人代表會選舉代表條例

（十三年四月七日一屆十九次中執會通過）

（一）工廠、鐵路、輪船有工人百人至三百人者，選
派代表一人，三百人以上，每三百人選派代表
一人。

（二）工廠、輪船，未滿一百人者，得與他性質相同之

工廠、輪船聯合選派代表，每三百人選派一人。

（三）工會有會員三百人者，選派代表一人，三百人
以上，每三百人選派一人。

（四）工會有會員未滿三百人，得與他性質有關係之
工會，聯合選派代表。

（五）聯合會每三千人選派代表一人。

（六）各代表須有所代表之團體證書。

（七）代表須於四月廿五日以前報到本會工人部。

（八）代表資格審查之權，在於本會工人部。

工會或工廠報告書（一）代表簽字

工會名稱	
職業界線及分若干種類	
工會所佔地方範圍	
會員人數	
與何職業團體有連帶關係	
不能聯合及其分裂之原因	
會所所在地	
備考	

說明：
（一）職業界線指工作種類，每職業必有一定界線，然後不能互相
侵犯，此種界線須詳細報告。
（二）工會所佔地方範圍指其工會所管轄之地方。
（三）連帶關係指性質上相同或利害相關而言。

工會或工廠報告書（二）代表簽字

工會名稱	
會員人數	
失業人數	
失業原因	
會員增加人數	
現時工價	
以前工價	
繳納會費之會員人數	
與何工會會員工作上有何衝突	
備考	

說明：
（一）繳納會費之會員人數分以月計算及年計算兩種。
（二）工作之衝突指職業地位之競爭。

工會或工廠報告書（三）代表簽字

廠內或工廠內人數	
分幾多部分	
部份名稱	
各部人數	
分幾多班	
每班幾多人	
職業如何介紹	
原日人數	
最近人數	
備考	

說明：
（一）怠工即在工場內不做工或遲緩工作。
（二）鎖工廠即雇主自行停業抵制工人。
（三）破壞罷工之外來工人指明該地供人來該地開工。
（四）暴動即示威運動及破壞雇主工場。
（五）請將開始時要求條件及決定條件各抄一份，附粘此表內。

工會或工廠關於歷次罷工調查報告表（四）代表簽字

罷工經過時間	
罷工勝利或失敗及其原因	
別動工人有無援助及如何援助	
罷工事務費若干	
官廳有無壓迫及如何壓迫	
罷工工人有無暴動及如何暴動	
破壞手段如何	
反對罷工或破壞罷工者為本業工人或為外來工人	
反對罷工人數	
罷工人數	
罷工原因	
鎖工廠　怠工　同盟罷工屬何種類	
罷工次數	
工會或工廠名稱	

九、邢光祖條陳改革甘肅舊政治之初步計劃。

決議：本會派邢光祖前往調查，並函告北京執行部，
　　　如甘肅尚未派人前往組織黨部，亦即可派邢君
　　　前往組織。

第二十次會議

十三年四月十日

到會者：彭素民　戴季陶　廖仲愷　鄒　魯　鄧澤如

　　　　林　森　譚平山

主席：廖仲愷

常務委員：譚平山

報告事項

一、宣讀第十九次會議紀錄。

　　校正工會或工廠於歷次罷工調查報告表格內及說明

　　內「雇主閉門」四字為「鎖工廠」之字。

二、報告署理加拿大總理幹事郎醒石函稱：於　月　日

　　卸職回國，總幹事職已交雷鳴夏暫代。

三、青年部報告：學生黨員大會結果。

青年部報告第一號

十三年四月八日

　　本月六日本部在省教育會開學生黨員大會，到會者

一百一十一人，另有軍官學生三十餘人，是日議事程序

如次：

（一）開會

（二）開會理由

（三）宣佈學生運動政策與計劃

（四）討論問題：

　　　1. 廣州學生運動問題

　　　2. 廣州學生聯合會黨團問題

3. 庚子賠款與關餘運動問題

以上三案係由本部提出

4. 組織學生軍提案（黨員藍裕業等提出）

5. 學生黨活動方法提案（黨員楊石魂提出）

6. 應組織青年俱樂部以統一青年運動提案（黨員郭壽華等提出）

7. 廣州學生會對於中俄交涉應有表示案（黨員張婉華、沈學修等提出）

（五）臨時動議

除第五案歸併第一案討論外，實有提案六款，討論完畢後，各案議決如下：

一、關於第一案者：

1. 從速聯絡各校加入廣州學生會；

2. 學生聯合會應從速出一刊物；

3. 學生聯合會宗旨要設法加入「國民革命」之規定；

4. 關於前項如不能即刻做到，亦應發表改組宣言，說明以「國民革命」、「促社會國家之進步」。

二、關於第二案者：

1. 先組織學生聯合會執行委員會黨團；

2. 代表會黨團應先修改學生聯合會章程，規定代表任期方能組織。

附記：修改章程時之代表大會應先組織黨團。

三、關於第三案者：

由廣州學生聯絡會聯合各界發表宣言，及舉行大示

威，並函請教育廳及市教育局通告各校一致舉行。

四、關於第四案者：

將原案提出辦法，交青年部提出中央執行委員會核
改後辦理。

五、關於第六案者：

將原提案所擬辦法，交青年部提出中央執行委員會
核改後辦理。

六、關於第七案者：

由廣州學生聯合會發出宣言，並聯絡各界團體開代
表大會，舉行示威，最低限度亦須由代表會發出宣
言。至宣言內容，非要求北京政府或本黨政府簽中
俄協定或承認蘇俄，只藉中俄交涉的事實，暴露帝
國主義者與北洋軍閥之罪惡。

自下午一時開會，至各問題討論終止已四時五十餘
分鐘，因無何種臨時提案，會議詳細情形，省會議錄可
查，特此報告。上中央執行委員會

青年部報告

四、秘書處報告：第十九次會議，經鄧委員澤如臨時動
議，關於黨員自由發布印刷品問題。

決議：凡屬黨員對於黨事，不能隨意散發傳單，茲補紀
錄於此。

討論事項

一、推派路孝忱同志組織山陝軍軍隊黨團案。

決議：通過。

二、組織部提出：廣州市黨部選舉期前，請各部撥員幫
　　助發給黨員證案。

決議：各部酌量撥派。

三、廣州特別市黨部選舉展期案。

決議：延期十天，至本月廿五日開始舉行。

四、林委員森提議：籌備三月廿九日黃花崗公祭事
　　宜案。

決議：通過，並由本會推定鄧澤如、林森兩委員主辦。

五、組織部提議：變通甘肅黨證形式案。

決議：如組織部所擬圖樣辦理。

六、組織部提議：本委員會各職員，因職務上關係，
　　不能赴所住地區分部服務，應就本會所組織區分
　　部案。

決議：照辦。

七、秘書處提議：關於限制黨員散發傳單之決議案，其
　　通告詞句應示範圍案。

決議：此通告措辭應敘明：凡黨員對於黨事或黨員有所
　　　　指摘或揭告，應依一定手續向黨部陳述，完全候
　　　　黨部決定，未經決定之前，不得對外披露。

第二十一次會議

十三年四月十四日

到會者：孫總理　林　森　張秋白　鄧澤如　戴傳賢
　　　　李宗黃　彭素民　譚平山

主席：孫總理
常務委員：譚平山

報告事項

一、宣讀第二十次會議紀錄。

　　總理最後決定：青年部報告第一號所開六案，關於
　　第七案者云云，無表示之必要，此案應取銷，並由
　　秘書處開具理由，通知青年部轉知學生黨員、廣州
　　學生聯合會，不必發出此項宣言。

理由：北庭本不能代表中華民國，其對俄交涉如何辦
　　　　理，不必管他，故無表示之必要。

討論事項

一、秘書處提出：鮑慧僧、董方城報告：在南洋活動經
　　過及今後應注意事件函。

決議：將原函交海外部參考。

鮑慧僧董方城報告在南洋活動經過及今後應注意事件函

中央執行委員會諸同志：

　　我們此次在南洋仰光埠被逐原因，想諸同志尚未
深悉，茲請略為陳述，藉作我們在南洋數年來之總報

告，惟內中間有不可公開之處，惠覽後請為秘存，蓋
恐一經發表，南洋同志及與吾黨有關係之各團體，又
受英人摧殘也。

慧僧於民國十年七月，由本黨前總務部長彭素民、
財政部長林煥廷、代理黨務部長孫鏡三君介紹，至巴達
維亞天聲日報，不料抵岸時，荷蘭政府則指為過激黨，
勿許登岸，於是折回星加坡，適新國民日報出一缺，因
留該報幫忙，約數月，復與星加坡中國國民黨第一分部
同志陳如斗等組織夜學校一所，以作本黨辦事機關，學
生百餘人，均次第加入本黨，陳炯明變叛時，該校學生
回國討逆者有人，在南洋籌募軍費接濟義軍者亦有人。
僧以夜學校成績甚佳，因與數同志將一行將倒閉之振智
夜學校接替辦理，年來由在此校吸收同志亦不少。慧僧
又以星加坡同志太無團結精神，曾與張永福同志，及同
文書報社、南溟夜學校諸同志，謀組支部，事雖未成，
而經再番聯絡後，各分部亦漸漸接近。故嗣後許多事
宜，都能合作。（如抵制陳炯明派活動，及排斥日貨等
事，均係在同德書報社會議後，一致進行。）

以上係僧在星加坡年餘之概要情形。

方城於民國十一年九月，應泗水大公報聘，主持筆
政（林煥廷同志介紹）。因眼疾滯於星洲，未克前往。
後慧僧被吉隆坡益羣報聘去擔任撰述，遂將啟明、振智
兩夜校事交於方城，同時育英學校復聘方城為國文主任
教員，方城除在此三校宣傳黨義外，並組織夜校聯合會
（共有學校十八所，學生皆工人），及謀各分部之聯合
而組織支部，此係方城在星加坡三、四月之活動情形。

　　慧僧赴吉隆坡後，見有巍巍然之中國國民黨雪蘭峨支部矗立，不勝狂喜，迨詢諸同事，則知此機關已完全為陳黨佔據矣。後聞羅壽三、彭澤文、陳占梅諸君，另組有一分部，約二百人。慧僧云：此數君保守心過重，欲更組一分部，適吉隆坡文良港中華學校物色校長，慧僧遂以方城薦。方城到吉後，深以另組分部之議為然，於是又從開辦夜校入手，及成立之日，平民學生共有百廿名之多，方城任教務主任，慧僧任校董，不數月，而理想中之國民黨分部，遂成立於此。

　　慧僧在益羣報，除鼓吹本黨主義及嘗與反對黨（陳黨、保皇黨）筆戰外，頗注重婦女問題及勞工問題，故吉隆坡政府甚為嫉視；二七事件，特聯合各團體通電攻擊吳佩孚，而該政府益為深恨。方城於校中設書報室，並時舉行演講，對帝國主義者之侵略行為，屢為文揭之報端，而該政府因之疑忌，於是用一不驅逐之驅逐法，將方城教員資格取消，慧僧此時之不去亦倖矣。

　　方城離吉隆坡後，復返星加坡、適仰光覺民日報函托新國民日報經理謝文進君請總編輯，謝以方城薦，遂於去年六月抵仰，未幾即與一陳黨報紙（仁聲日刊）戰約一月，而該日刊即失去言論上信用，因之停版。去年八月，仰光華僑又有緬甸晨報之組織，方城以此新開之言論機關，不可不攪入吾黨手中，因向該報主持者推薦慧僧，以九月中旬到職，報紙出版後，雖有少數股東持異議，而吾輩初不之顧，迄乎今日，反對者俱已軟化矣。

　　計我們自到仰光後，除在報紙上鼓吹黨義外，並力

向社會活動。其入手辦法，即聯一般較有覺悟之青年，組織一青年團，以為吸收同志機關。方城並任國民黨緬甸支部總務科主任及本黨宣傳員，慧僧亦由本部委以宣傳員之職，此外尚辦有一義務學校，學生多屬工人，當仰光車夫（約萬人）罷工時，渠等多參加活動，而吾們則著論批評，該地警廳遂加無理之干涉，此即我們在仰光被逐之第一因。至鼓吹印緬人自治復興，緬甸自治派領袖時相往還，則為第二因。對於廣東關餘事，聯合仰光各團體，通電滬、京、粵各當局及社團，攻擊帝國主義者之橫暴，則為第三因。而其主因又在吉隆坡平民學校教員韓平底處，搜出吾等在該校組織國民黨支部文件多起也。至在檳榔嶼及星加坡被拘情形，已散見各報，茲不贅。惟尚有為諸同志陳者，即吾黨今後對海外應注意之點，是謹以管見所及，爰述之於後：

（一）宜注意於宣傳，而宣傳方面，而尤宜注意報館主筆之遴選。查本黨海外報館之主筆，明白主義者固不乏人，濫竽其間者亦所在多有。此後當設法介紹富有學識、了解本黨主義及政策之同志前往，將未曾了解者撤換或調回訓練。

（二）宜設法囑宣傳部多作關於本黨主義及政策之論文，寄交本黨海外機關報發刊。

（三）宜介紹品粹學優、富有教授經驗之士，赴海外任教員，以便灌輸本黨主義於華僑青年。

（四）宜特派得力分子赴海外負組織責任，並將改組理由詳為說明。

（五）對海外之特別熱心國事及黨務者，請總理給予

匾額，或其他文件，用資鼓勵。

（六）宜設法與各國殖民政府交涉，請其勿干涉華僑
　　　對於祖國之政治活動。

　　以上六項，不過略舉其最重要者，其他應注意之
事，自必甚多，是在諸同志之酌量辦理也。

鮑慧僧、董方城報告

十三年四月十一日

二、秘書處提出：從化黨員陳逸如等報稱：該縣縣長朱
　　本恕等摧殘黨務情形函。

決議：送中央監察委員會核辦。

三、林委員祖涵函請調辦漢口黨務，所有本會農民部長
　　一職，請另委人案。

決議：准辭，下次會議再選員接替。

林祖涵函

　　敬啟者頃晤覃理鳴、張懷九兩同志，以漢口特區執
行部開辦在即，約涵留漢相助為理。涵備員中央假滿，
亟應回粵供職，奈覃、張同志一再堅邀，未便固辭，查
中央黨務辦理已有頭緒，而武漢實當南北之衝，學子、
工、農諸待組織，為黨服務工作本無分乎彼此，故不遜
出位之嫌，已允暫留漢口，如荷許可，所有涵原任中央
執行委員會農民部長一職，敬希另遴賢能，充實為公
便，此致

中央執行委員會

林祖涵　四月一日

四、譚委員平山函請辭去常務委員職案。

決議：准辭，由彭素民接任。

譚平山函

中央執行委員會列位同志公鑒：敬啟者，關於廣東省黨部經由本會決議，由組織部直接組織，不另組織廣東臨時省執行委員會，平山以職責所在，對於各縣及各重市鎮，應遵依決議案著手組織，且須親赴各處實際參加，故對於現任常務委員職務勢難兼顧，為此肅函辭去常務委員會一職，俾得專盡力於組織部事務，以促省黨部之早日成立是所切盼，開祝

黨祺

譚平山謹上　四月十四

五、工人部提出：工人黨團組織通則案。

決議：交審查，下次會議提出。

六、瞿秋白提議：組織委員會編輯列寧全集案。

戴委員季陶修正案主張，分為兩項：一、蘇俄法制全集，二、列寧全集。先以全力譯成第一種，至委員會組織法及其預算，由上海執行部編成後再決。

決議：照修正案通過。

瞿秋白提議

仲愷暨平山同志，我們黨裡的宣傳事業以前做得很少，而且理論上的研究既不普及又不深入。改組之後我們在這方面已經用了重力量，譬如民國日報。然而日報便於作政治的鼓動（Agitation）而不便於主義的宣傳

（propaganda）。因此，我常常念著廣州中央的編輯事務——上海執行部之宣傳部並無編輯員。中央的宣傳部是否編纂一、三民主義的叢書（於建國方略之外蒐集近時國際國內的政治經濟材料，編輯關於論釋及闡明主義之書）；二、世界革命史；三、中國革命史；四、革命及民生學說之編譯等（如亨利喬治之統一稅說是平均地權的根據）？想必廣州中央已有完美的計畫。

我的意思，關於主義之闡明，西歐學說中最足以做參考的莫如列寧。不過我自己不能在廣州，又不能兼任其他的譯著——因為上海大學的事亦很重要，所以我提議或由廣州直接委定「列寧文集編譯委員會」，我在上海擬任總校訂之責任；或在上海執行部之下設這種的委員會。編譯的辦法大約如下：

一　委員會中兩個俄譯員；兩個英譯員；（或再加一個法譯員；一個德譯員。）總校訂一人。

一　此等譯員每月限定至少須譯若干萬字——每月領一定的薪水。

一　委員會當分配兩種材料：一種譯員間自己分譯；一種發給願譯者去譯，另給每千字若干元之稿費（如此可以快些譯完）。

一　從英德法文譯出之稿皆當以俄文校過一遍，總校訂者當負完全責任。

一　委員會當分配材料作為幾期，如第一期譯：

　　一、列寧之民族問題論文（民族主義）。

　　二、「革命的獨裁制的理論」（民權主義）（中山先生之軍政時期說）

　　三、農民問題的理論（民生主義）第二期、第三
　　　　期以此類推。

一　編輯費由中央擔任。

一　印刷歸民智書局（印刷費歸他擔任）。

　　這樣辦法大約至多一年可以譯竣，不過要多添一筆
特別費，你們以為怎樣？季陶先生已經起程到粵，我沒
有未得及和他談這事。請你們商量。或者可以在中央提
議。我一方面亦就要在上海執行部建議，不過始終要經
過廣東的，所以我寫信徵求你們的意見。請你們覆我。
順祝勇猛精神

　　　　　　　　　　　　　　瞿秋白　四月五日

七、戴委員季陶提出：關於本黨印刷公文書籍所用圈點
　　之議案。

決議：通過。

例

國民黨之主張，其最要不外二者。一曰平均地權，二曰
節制資本。蓋釀成經濟組織之不平均者，莫大於土地權
之為少數人所操縱。故當由國家規定土地法、土地使用
法、土地徵收法，及地價稅法。

關於本黨印刷公文書籍所用圈點之議案

一切印刷文件所用圈點統定為三種：

（一）人名、地名等名詞連續者用「，」斷「，」在
　　　字下不空格。

（二）「、」斷讀，在字下右角不空格。

（三）「。」斷句，在字下右角空一格。

第二十二次會議

十三年四月十七日

到會者：戴季陶　譚平山　李宗黃　鄧澤如　廖仲愷
　　　　彭素民

主席：廖仲愷
常務委員：彭素民

報告事項

一、宣讀第二十一次會議紀錄。

二、覃委員振報告：各員赴漢籌備漢口執行部事。

討論事項

一、審查工人黨團組織通則草案。（上期會議交付）
　　當經審查修正。

決議：照審查修正案通過。

中國國民黨工人黨團組織通則

十三年一屆二十二次中執會通過

一、工人黨團之活動，受中央執行委員會工人部之直接
　　指揮。

二、工人黨團組織單位為小組，可認為組織單位者如下：

　　（一）在鐵路工人為小站，及廠內工作部份（如打
　　　　　磨部、車房部、打鐵部、補爐部、車底部、
　　　　　生鐵部、大車房部、木廠部、驗車部、司車
　　　　　部、小工部、電燈部等）。

（二）在海員為船上各部（如櫃面、倉底、船尾、車房、帶水等）。

（三）在工廠工人為工作部份或班次。

（四）在自由工人（無固定工作地點之工人）為俱樂部及寄宿舍。

（五）在手工業工人為工作店或寄宿舍。

三、小組之人數，因事實上之困難，不為限定。

四、每小組內須設置一幹部。

五、小組數目過多者，須設置若干總幹部，應設置總幹部者如下：

（一）鐵路內之大站；

（二）大工廠內之小工廠；

（三）輪船；

（四）小工廠。

六、工人黨團之整個組織及其最高機關之執行委員會所在者，為：

1.鐵路，

2.包含小工廠之大工廠，

3.海員之組合，

4.小工廠工人之組合，

5.手工業工人之組合，

6.自由工人之組合，

7.其他工人之組合。

七、幹部人數為三人，總幹部為五人，執行委員會為七人。

八、幹部、總幹部及執行委員會之人員，經小組內黨團

內若干黨員之介紹，由所屬黨部指派之，但須得各
該小組及黨團內黨員大多數之承認。

九、幹部及總幹部人員任期為三個月，執行委員會為六
個月，新職員未指定時，舊職員仍舊負責。

二、遴員接替本會農民部部長案。（上期會議移下）
決議：以彭委員素民接任。

三、工人部提出：組織廣州市青年工人俱樂部草案。
決議：照修正案通過。

組織廣州市青年工人俱樂部

理由：青年工人俱樂部，根據下列各理由有組織之必要。

（一）集中青年工人而為吸收青年工人黨員之
基礎。

（二）供給已入黨的青年工人，以活動之機
會，而訓練其活動能力。

（三）使本黨發生群眾基礎，而使群眾與本黨
形成密切關係。

（四）造成青年工人運動之中心。

（五）發展青年工人之團體生活精神。

辦法：（一）黃沙、花地、河南、尾東關、城內、兵
工廠六處，各設小俱樂部一所。

（二）長堤設大俱樂部一所。

（三）俱樂部附設青年勞工半夜學校，由宣傳
部派員負責教授及管理。

（四）俱樂部開辦費由黨補助，經常費由捐款

充之。

（五）俱樂部部員年齡在十四歲以上二十八歲
以下。二十八歲以上至三十五歲者，為
特別部員。

（六）大俱樂部之設備，不得少過下列之至低
限度：

（甲）電影部，

（乙）音樂部，

（丙）書報部，

（丁）技擊部，

（戊）出品陳列所，

（己）研究室，

（庚）演說堂，

（申）美術室（畫片等）。

（七）小俱樂部必要設備如下：

（甲）電影部，

（乙）演講堂，

（丙）閱書報室。

（八）俱樂部內以工場為單位，組織小組。

（九）俱樂部內本黨黨員須組織黨團，受所在
地最高黨部指揮。

四、組織部提出：臨時省執行委員會委員工作分配案。

決議：照修正案通過。

臨時省執行委員會委員工作分配案

臨時省執行委員會委員工作分配如下：

1. 常務委員一人——兼調查；

2. 組織委員一人；

3. 宣傳委員一人——兼週刊編輯；

4. 工人運動委員一人；

5. 青年運動委員一人；

6. 農民運動委員一人；

7. 婦女運動委員一人；

8. 會務委員一人；

9. 財務委員一人——兼週刊經理。

附記：臨時省執行委員會之工作，可照以上分配，如
　　　人數為七人，則工人運動與農民運動由一人任
　　　之，青年運動與婦女運動由一人任之。

五、組織部提出：補助廣州特別市區黨部辦公費案。

決議：通過。

補助廣州特別市內區黨部辦公費案

（一）區黨部須具如下條件者方准補助：

　　甲　所屬黨員有三百人以上。

　　乙　所屬區分部有十個以上。

　　丙　每月最少依例開黨員大會一次，其出席人
　　　　數能有總額之過半數。

　　丁　黨員納費者，能及總額八成以上。

（二）補助費支給法：

　　甲　有黨所者，由本會每月給五十元；無黨所
　　　　者，每月給三十元。

乙　請領補助費者，須將前條各項條件詳細開
　　報，並儘在前項所定款額內，開列預算具
　　報，本會待核給領用後，仍須將決算具報
　　核消。

六、組織部提出：廣州市第一區第二區分部函報：所屬
　　黨員多不出席常會，請示補救方法案。
決議：函覆該區分部，下次常會，本會執行委員當前往
　　　出席，請告所屬黨員，須全體到會，至黨員不
　　　出席問題，應另俟研究。

七、青年部提出：中華民國學生聯合會總會駐會黨員
　　王基永等函述進行計劃，請津貼該總會月費伍百
　　元案。
決議：交上海執行部審查辦理，並覆知王基永等，以此
　　　案應歸上海執行部管轄範圍，已將原函移付上
　　　海執行部，請就近前往接洽。

王基永等陳述學生總會進行計劃請予津貼函
海濱、仲愷部長鈞鑒：
　　敬啟者，學生總會為全國學生總機關，對於政治主
張，有指揮各地學生實行之權力，在國民革命運動中，
實佔重要地位。但以總會既係各地學生集合而成，組織
份子自然複雜，若無有主義之黨團，暗中指導主張，不
免誤入歧途，團體雖大，亦奚以為！今總會重要辦事人
員，均係本黨同志，本黨從而指揮之，自屬易易。惟上
海執行部只轄四省，而學生總會又轄及全國，依照本黨

總章應直隸本黨中央執行委員會，望先生等特別注意，時時加以指揮。至於總會目前進行計劃，條陳於後：

（一）平民教育運動　現在聯合上海各團體，擬舉行平民教育遊街大運動，並擬創辦平民學校，為各地學生倡（因各地關係刻正與上海執行部接洽商辦），且令各地學生一致進行。

（二）週刊　以經濟困難之故，總會週刊每不能按期出版，現正擬設法重整旗鼓，改良內容。因各地學生素甚注意總會週刊，宣傳力量實為最大，故不得不設法繼續出版。

（三）改組上海學生會　上海學生會被教會學生盤據，暮氣沉沉，不與政事，現在與上海青年部商議改組之。

（四）改變宣傳方法　學生情形，因地而異，故改變從前之單純政治主張，因事因地而施以相當之宣傳，引其上國民革命之途。（詳細辦法另有大綱不及備載）

（五）其他若援助各地學潮工潮，對付臨時發生政治問題，固常事也。

　　為實現以上各種計劃，在在需款，學生總會向以反抗列強打倒軍閥相號召，社會人士望而畏之，對外募款實覺困難，同人等深覺學生總會之重要，謹以黨員資格，向諸先生提議，請本黨津貼學生總會每月最低常費伍百元（預算列後），以利進行。是否有當，迅候公決，並請即賜回音。專此，敬請公安

中華民國學生聯合會總會駐會黨員鄧鶴鳴

周達文

王基永

龔際飛

靳經緯

同啟

四月八日

學生總會最低限度預算表

（1）房租費二十元

（2）伙食費七十元

（3）週刊費一百四十元

（4）職原夫馬費一百二十元

　　　（每人每月十五元，共八人）

（5）工人工資十二元

（6）電報郵花共費八十元

（7）雜費五十八元（信紙、信套、電燈、油印傳單等

　　　小費均在內）共伍百元。（平民教育費未在內）

八、楊省長函稱：香山分部不宜抽塘魚捐為黨員費，已

　　飭縣將捐案撤消，並請由會飭香山分部遵照案。

決議：函告香山縣長，該縣分部已取消，所有抽收塘魚

　　　捐一案，應照楊省長令撤消，並覆知楊省長。

九、總理交來胡霖請委幹事函。

決議：不委任。

十、張委員知本函：請辭去駐漢中央執行部職務案。

決議：慰留。

十一、陳覺先函稱：謝英伯以赤化謠言，鼓惑海外同
　　　志，宜如何懲戒案。

決議：交中央監察委員會審查。

十二、萬里洞支部長黃仲衡函呈：溫亞興破壞本黨，俟
　　　該黨員回國時，請飭縣拿辦案。

決議：交中央監察委員會審查。

第二十三次會議

十三年四月二十一日

到會者：孫總理　林　森　鄧澤如　戴季陶　鄒　魯
　　　　于右任　廖仲愷　彭素民

主席：孫總理
常務委員：彭素民

報告事項

一、宣讀第二十二次會議紀錄。

校正：二十三次會議錄覃委員振報告各員赴漢籌備漢
　　　口執行部事項下有「函另刊附」等字應刪。

討論事項

一、組織部提出：廣州特別市黨部執行監察委員選舉章
　　程草案。

決議：章程修改通過，選舉票圖樣照通過。

廣州特別市黨部執行監察委員會選舉章程

　　中央執行委員會第十二次會議，關於組織廣州市黨
部之決議全文如下：

（一）採用直接選舉制，由廣州市內各區黨部黨員直
　　　　接投票，選舉廣州市黨部執行委員，組織廣州
　　　　市執行委員會。

（二）廣州市執行委員會委員名額定為九人，候補委
　　　　員定為五人。

（三）投票地點，在廣州市各區黨部之區域內。

（四）在未開始投票選舉之先，由中央執行委員會指
　　　定候選人二十七名。（即當選舉者三倍之數）

（五）將候選人姓名，列載於選舉票內，由選舉人將
　　　自己所欲選舉之人圈出九人（最多為九人），
　　　投入票匭內。

（六）選舉之結果，即以獲票最多者為廣州市黨部執
　　　行委員，次多者為候補執行委員。

（七）發出選舉票，須憑黨證，故選舉時期，要在發
　　　出黨證之後，大約時期要在四月一日以後，始
　　　能開始選舉。

茲依據上項之決議案，更製定選舉章程如左：

（一）選舉票之製定：廣州特別市黨部執行委員會選
　　　舉票一種，由中央執行委員會製定之。（式樣
　　　另刊）

（二）投票日期及時間：由四月二十五日起至二十七
　　　日止，共三日。每日由正午十二時起至下午五
　　　時止。

（三）投票地點：第一區在高師；第二區在財政廳前第
　　　一區黨部第一區分部；第三區在仙隣巷工會聯合
　　　會；第四區在越秀南路中央執行委員會；第五區
　　　在支部；第六區在長堤勝記支店四樓；第七區在
　　　田心坊十二號；第八區在長壽直街又四號；第九
　　　區在西榮巷十六號；第十區在述善前街十二號三
　　　樓；第十一區在河南洗涌西約黨部；第十二區在
　　　河南南樓；第十三區在花埭黨部；海員特別區黨

部在海員工會；兵工廠特別區分部在兵工廠，粵漢鐵路特別區分部在粵路公司。

（四）發票人：各區黨部執行委員。

（五）監票人：由中央執行委員會派出。

（六）領選舉票手續：凡黨員須攜帶本人黨證到上項所開列投票各地點，由發票人驗過加蓋已發廣州市黨部選舉票之圖記（圖記由本會製定），隨即發給市黨部執行委員選舉票一張，及市黨部監察委員選舉票一張。

廣州特別市黨部監察委員選舉票								
候選人姓名								

中華民國　年　月　日
黨證　字第　　號
選舉人

發票人

廣州特別市黨部執行委員選舉票																
候選人姓名																

（七）選舉手續：黨員取得選舉票後，即於選舉人之下，填寫自己姓名，並註明黨證字號，隨將執行委員候選人二十七名之中，任選舉九人，於此九人姓名上之空格內作一個「○」號。又於

監察委員候選人九名之中，任選舉三人，亦於此三人姓名上空格內作一個「○」號。選舉畢，將兩選舉票投入甌內。

（八）開票日期及地點：由四月二十八日至三十日，每日下午二時至五時，在越秀南路中央執行委員會開票。

中國國民黨中央執行委員會

二、組織部提出：廣州特別市黨部執行監察委員選舉監票員名單。

決議：通過。

廣州特別市執行監察委員選舉監票員姓名單

區域	地點	監票員	
第一區	高等師範學校	潘兆鑾	第十區黨部派出組織員
		林勛廷	第七區黨部第一區分部常務委員
第二區	財政廳前第一區黨部一區分部	王天一	第四區黨部派出組織員
		朱乃斌	第一區黨部執行委員
第三區	仙隣巷工會聯合會	蕭一平	第一區黨部派出組織員
		孫甄陶	第一區黨部第二區分部常務委員
第四區	越秀南路中央執行委員會	李子峯	組織部職員
第五區	廣東支部	何嘯文	第六區黨部派出組織員
		楊　震	第六區黨部第二區分部常務委員
第六區	長堤勝記支店四樓	沈壽楨	第五區黨部派出組職員
		張光祖	第五區黨部第六區分部常務委員
第七區	田心坊十二號	劉兆燊	第三區黨部派出組織員
		郭壽華	第一區黨部第三區分部常務委員
第八區	長壽直街又四號	莊漢雄	第二區黨部第二區分部常務委員
		張元愷	第一區黨部第一區分部常務委員
第九區	西榮巷十六號	梁敬仁	第八區黨部派出組職員
		巫知政	第八區黨部執行委員
第十區	述善前街十二號三樓	曾子嚴	第八區黨部派出組職員
		梁道生	第八區黨部第二區分部常務委員

區域	地點	監票員	
第十一區	河南洗涌西約黨部	胡勁子周潤技	第二區黨部派出組職員第一區黨部執行委員
第十二區	河南南樓	吳紹基羅瀚卿	第十一區黨部派出組職員第四區黨部第四區分部常務委員
第十三區	花埭黨部	張　雄黃覺羣	第十區黨部第四區分部常務委員第五區黨部執行委員
海員特別區	海員工會	趙士炳賴應勛	第五區黨部第二區分部常務委員第五區黨部第五區分部常務委員
兵工廠特別區	兵工廠	卓永福	第十區黨部常務委員
粵漢路特別區	粵路公司	馮次庭	兵工廠特別區分部執行委員

三、組織部提出：廣州特別市黨部執行監察委員選舉監視開票員名單。

決議：通過。

廣州特別市黨部執行監察委員選舉監視開票員名單

中央監察委員鄧澤如。

中央執行委員會常務委員廖仲愷、戴季陶、彭素民。

四、組織部提出：接廣西籌備員蘇無涯函稱：已在廣西開黨員大會，推出施正甫等廿四人為廣西臨時省執行委員候選人，請圈定案。

計開：施正甫、黎工伙、陸涉川、李丹山、雷在漢、周揚亞、蘇無涯、蒙卓凡、徐天放、徐啟祥、鄧定寰、劉君勃、李濟深、馬曉軍、吳興、許炤奎、劉覺任、李天和、區家偉、李家驥、陳季川、崔履升、羅權、李家勉。

決議：由總理圈定。當奉圈定施正甫、李丹山、蘇無涯、蒙卓凡、李濟深、馬曉軍、吳興、許炤

　　　　奎、陳季川九人為臨時省執行委員：黎工伙、
　　　　陸涉川、雷在漢、徐啟祥、李天和五人為候補
　　　　執行委員。

五、組織部提出：中央執行委員會發行黨費印花條例
　　　草案。
決議：修正通過。

中央執行委員會發行黨費印花條例

　　　　十三年四月二十一日第二十三次中執會通過
　第一條　本黨黨費印花分二角、一角、三仙三種，由
　　　　　中央執行委員會製定之。
　第二條　黨員每月按照本人應交黨費若干，將黨費繳
　　　　　交區分部執行委員會，即照所繳費數發給
　　　　　印花一枚，貼於本人黨證之內。
　第三條　關於特別市內各級黨部領發印花規定如下：
　　　　　1. 由特別市黨部執行委員會，每月預算全市
　　　　　　　約需用各種印花若干，無代價向中央執行
　　　　　　　委員會會計處彙領，分發各區黨部。
　　　　　2. 區黨部執行委員會，每月預算全區約需
　　　　　　　印花若干，無代價向特別市黨部彙領；
　　　　　　　特別市黨部未成立以前，直接向中央彙
　　　　　　　領分發各區分部。
　　　　　3. 區分部執行委員會，每月預算全區分部
　　　　　　　需用各種印花若干，照印花價值百分之
　　　　　　　二十計算繳款，向區黨部彙領。（例如領
　　　　　　　二角印花一枚，應繳四仙。）若區分部

不能先行繳款，則於下月報銷時補繳。

4. 區分部每月發行各種印花若干，收費若干，應於下月第一日報告於區黨部，區黨部則於第一星期內報告特別市黨部，特別市黨部則於第二星期內報告中央黨部。

第四條　關於省內各級黨部領發印花規定如下：

1. 由省黨部執行委員會，每月預算全省約需用各種印花若干，無代價向中央執行委員會計處彙領，分發各縣黨部，或市黨部。

2. 縣黨部或市黨部執行委員會，每月預算全縣或全市約需用各種印花若干，無代價向省黨部彙領；省黨部未成立以前，直接向中央彙領。

3. 區黨部執行委員會，每月預算全分區約需用各種印花若干，照印花價值百分之十計算繳款，向縣或市黨部彙領。（例如領二角印花一枚應繳二仙。）若區黨部不能先行繳款，則於下月報銷時補繳。

4. 區分部執行委員會，每月預算需用各種印花若干，照印花價值百分之四十計算繳款，向區黨部彙領。（例如領二角印花，應繳八仙。）若區分部不能先行繳納，則於下月報銷時補繳。

5. 區分部每月發行各種印花若干，收費若干，應於下月第一日報告於區黨部，區

　　　　　黨部則於第一星期內報告縣黨部或市黨
　　　　　部。縣或市黨部則於第二星期內報告省
　　　　　黨部，省黨部則於三星期內報告中央。
　第五條　發行印花之日，以前所用三聯根收據即
　　　　　取消。

六、宣傳部提出：宣傳部辦事草案。
決議：付審查。

七、農民部提出：鄉村農民狀況調查表。
決議：修正通過。

農民調查表（鄉村農民狀況調查表）
中國國民黨中央執行委員會農民部
縣區鄉

1	鄉名		（備考）
2	人數		
3	戶數		
4	小地主戶數		
5	中地主戶數		
6	大地主戶數		
7	自耕農戶數		
8	半自耕農戶數		
9	佃農戶數		
10	雇農人數 受雇者何處人為多		
11	每十畝田每年兩造收割 若干石		
12	每十畝田每年兩造用種 子費若干		
13	每十畝田每年納租平均 租約若干石		

14	每十畝田每年農具消耗費若干		
15	壯年農夫單人的勞動力量每年耕得幾畝田		
16	雇工每年工資若干（食料不在內）		
17	全鄉每年收獲總數		
18	全鄉佃戶每年應還租之總數		
19	最近穀類每石值銀若干		
20	男子年在三十以上尚未成婚者若干人		
21	男子年在三十以下始成婚者若干人		
22	出住外埠人數		
23	學校及學生人數		

說明：（4）每年收入有百石以上至五百石者為小地主。（5）每年收入五百石至千石者為中地主。（6）每年收入千石以上者為大地主。（7）耕自己所有之田而非他人之田者為自耕農。（8）自己所有之田不夠耕兼佃別人之田者，為半自耕農。（9）自己無田而向田主之田者為佃農。（10）長年被人雇用於耕作者為雇農。（11）收獲有上、中、下田及年況豐歉之分，此項一律以中等計。（12）種子價格比普通穀價較昂須注意。（13）納租多寡亦以田地上下不同，此項亦應以中等計。

八、滬執行部轉來湖南籌備員夏曦函報：開會推定何叔衡等九人為湖南臨時省執行委員，請正式指派。

決議：請總理核准，當奉核准照委。

湖南籌備員夏曦電

上海執行部請轉電中央執行委員會鑒：

曦三月五日到湘，此間因在戒嚴期間，不能舉行黨員大會，因召集臨時省代表大會，已於三月三十日舉行，推定何叔衡、李維漢、郭亮、夏曦、李六如、李達、邱惟震、夏明翰、羅宗翰等九人為臨時省執行委員。黨務急須進行，執行委員會已於四月一日成立，開

始辦事，除另函詳報外，特派李達同志赴滬，由上海執
行部轉電尊處，請求正式指派。覆電請寄上海執行部毛
澤東同志轉函此間。湘中黨務只能秘密組織，執行委員
姓名敬懇萬勿公佈，致遭動搖。又經費請速匯寄來湘，
俾利進行。

湘南臨時省黨部籌備員夏曦叩陽

九、組織會提出：本屆廣州特別市舉行選舉，應請總
　　理指定執行委員候選人二十七名，監察委員候選人
　　九人。

決議：請總理指定，當奉指定姓名如下：

執行委員候選人：孫科、馬超俊、吳鐵城、鄧慕韓、
　　方瑞麟、伍智梅、黃季陸、陳興漢、廖達生、
　　潘歌雅、曾西盛、覃超、徐蘇中、阮嘯仙、羅
　　邁、葉素志、趙錦雯、唐允恭、廖雲翔、謝
　　良牧、陳安仁、梁龍、高冠天、林黃卷、鄧青
　　陽、吳榮新、陳其瑗。監察委員候選人：黃隆
　　生、劉蘆隱、趙士觀、林雲陔、古應芬、陳樹
　　人、鄧演達、張民達、范其務。

第二十四次會議

十三年四月二十四日

到會者：鄒　魯　鄧澤如　廖仲愷　林　森　彭素民
　　　　譚平山

主席：廖仲愷
常務委員：彭素民

報告事項
一、宣讀第二十三次會議紀錄。

討論事項
一、審查宣傳部辦事章程草案。（上次會議交付）
決議：通過。
中國國民黨中央執行委員會宣傳部辦事章程
第一章　宣傳部之職務
　　第一條　茲根據中央執行委員會第七次會議議決之宣
　　　　　　傳部職務概要，規定本部處務事項如下：
　　　　　　（一）指揮執行部及省黨部之宣傳部，以謀
　　　　　　　　　宣傳言論之一致。其內容如下：
　　　　　　　　　1. 指導黨立及同志設立或管理之日報、
　　　　　　　　　　 通訊社等之經營及編輯，糾正其錯
　　　　　　　　　　 誤，訓示其進行方針，並供給宣傳資
　　　　　　　　　　 料，以謀此等機關實現之進步。
　　　　　　　　　2. 指導黨立及同志設立或管理之學校，

使教育方針，常能適合於本黨之主義
及政策。

3. 指導黨立及同志設立之影片製造
所、影戲館、劇場及演藝團體，使
其取材表演等，常能適合於本黨主
義及政策。

（二）指導黨軍及同志統轄之軍隊之政治
的訓育，供給關於本黨主義政策之
教材及教本，規劃訓育之方法，並
考查其成績。

關於此之進行，與中央執行委員會軍事
部會同組織軍事宣傳委員會處理之。

（三）印行文字宣傳品，解釋本黨宣言，及
印行其他關於黨的文字宣傳品，如
叢書、單行本、小冊子、傳單、圖
畫等，向人民宣傳。此項職務，得會
同他部或組織特別委員會，或委託黨
立及同志經營之機關行之。於下列兩
項，須特別注意：

1. 搜集本黨總理之一切著作、演說、通
電及公開之談話，並編輯之。

2. 搜集本黨同志重要之著作、演說、通
電及公開談話。

（四）設辦黨立宣傳學校，編定教授課程講
演綱目，並監督其教授，以養成能宣
傳本黨主義及政策之人才。

（五）檢閱一切雜誌、日報所載關於國際、
　　　國家、社會、政黨等論文及各書局所
　　　出版之書籍，除分別保存編號外，並
　　　編成目錄。其表式如下：
　　1. 發行機關
　　2. 年月日
　　3. 論題
　　4. 著者姓名及黨籍
　　5. 論旨
　　　其中本黨機關及同志所出版之文字目錄，
　　　應於每月月初刊載於本黨發行之週刊。
第二條　黨立及同志經營而為本黨所公認之文化機關
　　　　（如日報社、雜誌社、通訊社、學校、學
　　　　會、演講會、劇場、影戲館、音樂會等），
　　　　須與本部保持密切之關係，每月一次，須將
　　　　事業狀況報告於本部。
　　（一）收支狀況。
　　（二）新聞雜誌之紙數、冊數，書籍之種數
　　　　　及冊類，學校各科及各級之教員學生
　　　　　人數等。
　　（三）一般狀況，如現在辦事人員有無更
　　　　　動，經營順適與否，社會之反影如
　　　　　何等。
第三條　本部與各執行部之宣傳部，須保持直接的密
　　　　切關係，每月交換部務報告，至少一次。

第二章　宣傳部之組織

第四條　宣傳部之部務，其方針由下列兩種會議
　　　　決定：

（一）聯席會議　關於宣傳之方針、宣傳事
　　　　業之規劃，有重要問題發生時，由本
　　　　部召集聯席會議，列席者如下：
　　　　中央執行委員、各部長、監察委員；
　　　　黨立學校之校長及學生；
　　　　黨立新聞社之社長及編輯、撰述
　　　　主任；
　　　　其他由本部臨時認為必須列席之中
　　　　央各部職員。

（二）本部會議　關於本部執行之事件，由
　　　　本部會議決定之，列席者如下：
　　　　部長，
　　　　秘書，
　　　　宣傳指導員，
　　　　檢閱員，
　　　　編纂員，
　　　　其他臨時由部長指定列席之職員。

第五條　關於特殊及專門事項，本部得特設各種委
　　　　員會執行之。其組織法臨時由本部擬案送
　　　　中央執行委員會決定。

第六條　本部職員之任務如下：

（一）部長總理部務，一切文件由部長簽字
　　　　後始得發行。

（二）秘書協助部長整理部務，保管文書及
圖書，編制本部之部務報告書，起草
一切公文函件，並與各機關接洽，部
長不在部時代行部長之責任。

（三）宣傳指導員職掌：本章程第一條第一
款各項及其同條第二款之事項。

（四）編纂員職掌：本章程第一條第三、四
款事項。

（五）檢閱員職掌：本章程第一條第五款之
事項。

（六）錄事職掌抄寫，助理秘書及編纂員編
製目錄，填寫表格。

第七條　本章程於中央執行委員會通過後即日施行。

二、總理交下：程潛同志請於總務廳添設黨務科，專管
黨務，並請令各機關一律照辦函。

譚委員平山修正案——查程同志所陳各機關職員，
因職務關係，不能兼理黨務，自是實情，但於各機關總
務廳設專員辦理黨務，實際上生出兩種弊病，即（一）
黨務變成政務之一部分；（二）辦黨務者變成行政機關
之一個屬吏。因此遂生如下結果：完全受政治支配，而
黨不能支配政治，故所陳辦法，不能採納。但為救濟起
見，在各機關內如有黨員五人以上，可就該機關組織一
區分部，仍然隸屬於所在地之區黨部。如此非盡善，但
可減輕弊病，同時亦可解決現在困難。
決議：照譚委員修正案辦理。

三、海外部提出：東京第二分部費哲民請中央派員赴東
　　組織總支部案。

決議：應派往組織總支部，候覓得相當人材再行提出決
　　　定，現可准該分部成立，在總支部支部未成立
　　　以前，其分部直轄於中央執行委員會。

東京第二分部代理總幹事費哲民來函

總理孫先生鈞鑒：

　　竊自東京黨部發生風潮以還，黨務因而停頓者年
餘，溯其紛擾之源，言之實堪痛心。支部經既停辦，總
部為寧人息事計，曾令兩方同志組織分部，故第一、第
二分部於去年八月間相繼成立時，選出之各部職員，特
補誌如下：

總務主任劉士木、幹事四人，（現由哲民代）

黨務主任費哲民、幹事二人，

宣傳主任宋垣忠、幹事二人，

財政主任李樸、幹事二人，

交際主任靳經緯、幹事二人。

（按成立時採暫行委員制故不設部長）

　　以上各部職員，雖經大會選出，然迄今尚未得總理
加委，故其間就職者有之，棄職者亦有之。且分部成立
未久，東京忽然發生大震大火，所有分部文券黨冊等，
均付之一炬，是役同志遭難者約有半數以上，甚慘苦
也。被難同志於災難回國時，荷蒙上海總部招待慰安，
深滋感謝。哲民本擬於回國時赴粵一行，向總理面陳一
切，奈因種種事故，竟不獲如願，實為悵惘。頃者本黨
全國代表大會閉幕，關於開會情形，業經宋代表返東報

告，詳細一切此次大會終結，尤感吾總理躬自改組之苦心，與完成革命事業於世界上，厥功甚為偉大，此間同志對於吾黨改組後之新組織，一致表示贊成，為主義奮鬥也。至關於設立一海外總支部一節，尤盼吾總理早日指令中央執行委員會遴員來東籌備組織，俾黨務得以進行，指揮有人耳。哲民不敏，苟能力所及，無不樂為黨努力也。謹此快郵代電，尚希諒察是幸。

中國國民黨第二分部代理總務幹事費哲民叩豪

四、海外部提出：林瑞亭函請委任案。

決議：所請委任為特派中國國民黨海外各埠宣傳兼稽查員，無此名稱，未便照准。

五、中央監察委員會覆來審查曾桂芬彈劾徐維嶽案公函。

決議：照辦。

中央監察委員會審查曾桂芬控徐維嶽案公函

逕啟者：

昨准貴會移來曾桂芬彈劾徐維嶽一件。查所指各節，關係縣長瀆職罪，應向上級行政公署，或法庭起訴，原與黨務無涉。惟其所稱傷害黨德之處，自當加以審查。隨於四月六日傳訊曾桂芬，據述該原案膠葛情形，均屬曾桂芬個人私事，並非以黨員資格，或因黨務受人詐欺，而所舉證人，亦曰久未見出頭作證。本黨部對於此種事件，當無受理之必要。茲將原件退回，請煩查照，並予飭知，實為公便。此致

中央執行委員會

中央監察委員會
四月十八日

六、中央監察委員會覆來審查墨西哥支部函請革除余毓
緒黨籍公函。

決議：照審查報告呈報總理決定。

中央監察委員會審查墨支部函請革除余毓緒黨籍案公函

逕啟者：

昨准貴會移來墨西哥支部代理部長麥興華、書記胡
聯，為黨員余毓緒通敵及謀殺同志罪案一件，查該件係
由總理批交存案，現值該支部長余和鴻君在粵，當經面
詢一切，核與彈劾各節相符，自當認為確鑿。蓋海外黨
務，素以所在黨部為耳目，今該案既經該支部得所屬分
部查覆，開評議會議決，然後呈請核辦，應適總理制，
由總理逕予決定執行後，交貴會備案。所有關於本案審
查情形，相應函復，並將原案函件繳回，請查照。分別
呈覆存案，是荷。此致中央執行委員會。（附麥興華原
函乙件）

中央監察委員會
四月十七日

墨支部報告開除余毓緒黨籍函

孫總理鈞鑒：

敬呈者，昨本支部評議部會議，為有黨員余毓緒，
通敵謀殺同志罪案，曾即去函調查其通敵證據，旋接該
所屬分部覆函，已將余毓緒通敵證據，一一詳明，再經

評議會開會審查屬實，證據確鑿，當即議決，具文函
請本支部駐粵代表余和鴻君代為面呈鈞座，迅乞准將余
毓緒黨籍革除外，並懇下令通緝之，以警奸宄，而維法
紀。用敢瀝陳，並託余和鴻君親謁鈞座，面稟一切，伏
乞賜予核准，批示祗遵，實叨德便。謹呈
恭候崇祺

署理部長　麥興華

代理書記　胡　聯

謹呈

中華民國十三年二月四日

第二十五次會議

十三年四月二十八日

到會者：孫總理　林　森　鄧澤如　李宗黃　柏文蔚
　　　　廖仲愷　張秋白　彭素民

主席：孫總理
常務委員：彭素民

報告事項

一、宣讀第二十四次會議紀錄。

二、總理交下：廣東支部部長鄧澤如呈報解除職務停止
　　辦公函。

　　當奉總理核准。

廣東支部長鄧澤如呈請辭職函

　　呈為呈報事，猥以樗櫟菲材，謬承重寄，濫竽一
載，黨績毫無，上無一報知遇之恩，下無以促群眾之
德，撫躬自問，負咎實多，徒以大義所在，不敢引退。
今奉本黨改組，市黨部將告成立，負責有人，職正可乘
時告退，以讓賢能。且中央執行委員會早已直接陸續派
員赴各縣分部改組，則職部實無存在之必要，茲謹於本
月底解除部長職務，並停止辦公，除分函各縣分部知照
外，理合將解除職務，停止辦公緣由，備文呈報查核，
謹呈總理孫。

廣東支部長鄧澤如謹呈

十三年四月二十四日

三、工人部報告運輸國際來函。

討論事項

一、中央監察委員會關於柏文蔚被控案審查報告。

　　中央監察委員會審查報告書——第二號

　　一、案由

　　　　為重黨員侮辱總理，投降袁逆附和政學，反覆
　　　　蔑義，緝拿同志，通敵賣黨，種種罪惡，提出
　　　　彈劾，請依黨律嚴行懲處事。

彈劾人：張秋白、凌毅、張仲藝、張拱辰、鄭荃蓀、
　　　　李洒璟、吳文龍。

被彈劾人：柏文蔚

　　二、本案事實

　　　　查柏文蔚久隸本黨黨籍，歷居政治上重要地
　　　　位，人所皆知，張秋白等有屬安徽籍國會議
　　　　員，彼此皆原同鄉同志。茲邊條列柏侮辱降
　　　　逆，通敵賣黨等罪惡，提出彈劾，事體雖極重
　　　　大，惟多屬陳跡，苦無確鑿之證據，內有據稱
　　　　文蔚族侄柏方鑫，於十二年總理督戰白鵝之
　　　　役，受陳炯明委任，謀危總理一節，旋據柏文
　　　　蔚、柏方鑫兩人來函聲辯。

　　　　其他關於侮辱一事，原呈內列舉數起之多。

（一）在第二款末節稱：文蔚嗾使王亞樵在滬辱罵總
　　　　理，引楊虎、馬驤為證據。楊虎先後函辯，不
　　　　承認王亞樵在滬辱罵總理係柏所嗾使，更將攻
　　　　擊各節為柏辯護。

（二）在第五款末節所稱辱罵總理事實，引尹子衡為
　　　　證人。乃尹子衡於月之十四日登報聲明，對於

此事決不負責。

（三）在第六款稱文蔚此次到粵後，仍不知悔，復於數星期前在寓呼名辱罵，侮及祖妣一節，是為最近之事。當經於本月五日在本黨部開執行監察兩會聯席會議，將本彈劾案審查，對於改組以前之事，除柏方鑫一事有須審查外，其餘認為陳跡，是否事實，當由總理認定處決，對於最近侮辱一事，認為可資證據，當囑由張秋白約同證人出頭備詢，是日出頭之證人，有熊飛、吳文龍二人。

（1）熊飛之供述，有一夜，文蔚由外赴席回，在辦事處住房肆狂罵，詞侵總理，是時已在夜深，飛在其隔壁副官室，故聞其一二，但彼是一人在房獨罵，且似有酒醉狀態云云。

（2）吳文龍供述第五款首節，係於民國十二年條陳吳佩孚包打浙江，平定廣東，以安徽省長為交換條件，由江月舫主稿，由白芷香親說云云。

隨又據柏文蔚送來熊飛私函，大致係為作證之擺脫，且謂供詞未簽名，當作無效，但其措詞乃反有足證實其供述者。以上皆為本案發生以後之經過情形，此外更無有足資考據。

三、證據

人證：熊飛、吳文龍

物證：原呈乙件附函乙件

楊虎呈總理函乙件

柏文蔚函送來熊飛函乙件

柏文蔚申辯函乙件

楊虎函證乙件，又龐子周、杜墨林函證
乙件

尹子衡緊要啟事（由新國華報四月十四
日報紙剪出）乙件

柏方鑫呈乙件

四、審查要點

查本案攻擊之點，類關重大，惟多屬陳跡，無
可考據，惟有將其有證人出頭陳述及有人辯護
之各點，加以考慮而已。

五、審查意見

按張秋白等彈劾柏文蔚各節，均為本黨改組以
前發生事實，是在本黨總理制時代，固應適用
總理制處分，關於此點業經奉總理面諭決定，
凡改組以前發生事實，應呈由總理自行判處，
然則本案所列各事實，已為總理所知，本會自
無深究之必要。惟柏方鑫謀危總理一節，時日
較近，似可勿稽，以備總理之查考。惟據柏文
蔚及柏方鑫來函所聲辯情節，核與該兩人行跡
似屬相符，又有龐子周、杜墨林二人嵩函證明
並無其事，則勿論未得柏方鑫謀危總理之確
證，而以族姪關繫，亦不得武斷為柏文蔚所主
使。此外只有柏於此次來粵受職後，復行辱罵
總理一節，與其平生行事，殊有關繫，自應加
以審查，據證人熊飛所述，則柏文蔚確曾侮及
總理，或非虛構。惟是柏在室內獨罵，似非公

然侮辱可比，時值酒後言，亦略可原，故無論
熊飛隨後私函剖白之詞是否屬實，亦不能以此
點構成柏文蔚之罪。至於吳文龍供述柏文蔚證
據一節，查吳文龍為彈劾人之一，例不能視為
證人，矧其所言，乃係聞自白芷香，又非有白
芷香出頭作證，且事發生在去年，自應受裁於
總理制，從而本會亦無深究之必要。

所有審查張秋白等彈劾柏文蔚辱罵總理、降
逆賣黨各情，謹依照本黨總章第一十一、第
七十二條之規定，及中央黨部第四條第三款決
議案，造具審查報告書，連同原案文件，移送
貴會核辦。此致中央執行委員會

中央監察委員會常務委員鄧澤如

二、中央監察委會審查劉培壽等揭告柏文蔚公函。

決議：右兩案一併照監察委員會審查意見由總理決定。

（決定情形如下）

總理云：往事都可不問，今日只要文蔚答覆對於聯
省自治主張如何？（隨將劉培壽等控柏函示柏。）柏文
蔚起立稱：文蔚是軍人，對於政治無多研究，以前在上
海，因徐季龍主張委員制，蔚曾與聞，至於聯省自治，
向未主張。

總理云：究竟以後對於聯省自治是否主張？柏文蔚
答：以前既未主張，以後當然不主張。

總理云：此答辯可滿意。以前錯誤的人很多，不是
一人的錯誤，乃是一般的錯誤，這回改組，就是剷除以

前的錯誤。此改組以前的事，可以不問，只要以後服從
本黨的主張，柏案就算了結。

中央監察委員會審查劉培壽等揭告柏文蔚案公函

逕啟者：

　　昨准貴會移來張秋白等彈劾柏文蔚案件一宗，當經
分別審查造具報告書，連同原件送覆在案。嗣於本月
十八日，復接浙江法專學生劉培壽等由杭州寄來快郵代
電一件，攻訐柏文蔚素來叛黨，反復旅進，有亂全黨觀
瞻，末署安徽逃亡黨員百六十八人同叩，等情。查此件
原甚嚴重，是非真偽，非向皖浙兩省實地調查，無從得
其真相。敝會限於現狀，經費與職員均不敷分配，凡遇
此類事件，每多不獲貫徹，常致遺憾。但此件亦屬過去
陳跡，自可與張秋白等所舉往事同一例看，惟有將原件
呈請總理察核，適用總理制認定裁決而已。茲謹將劉培
壽等快郵代電一件，移送貴會查收，請於開會時，連同
報告書呈明總理鑒核，實為公便。此致中央執行委員會
　　　　　　　　　　　　　　　　　　中央監察委員會

三、工人部提出：確定鐵路總工會與中央黨部關係及其
　　　工作草案。

決議：俟下期會議審查，並奉總理指派馬超俊、陳興漢
　　　參加本案審查。

四、總理交下：謝委員持介紹北京時言報社長莊庶管，
　　　及為該報請補助函。

決議：此案經第十八次會議決議，交北京執行部斟酌辦
　　　理；現莊君既已來粵，如何辦理，應由總理最
　　　後決定。
　　　當奉總理決定，每月補助洋四百元。

五、汪委員精衛提議：請設一研究委員會；又北大教授
　　中同志擬辦一週刊，請予補助案。
決議：研究委員會可設立，並定為顧問性質，直隸中央；
　　　週刊以每月補助千元為度，並令其直隸中央。

六、市選舉監視開票員提出：第三區監票員孫甄陶函
　　報，交私章於藍餘熱代往監票情形，請解決案。
決議：認為無舞弊情事。

第二十六次會議

十三年五月五日

到會者：譚平山　廖仲愷　柏文蔚　戴季陶　林　森
　　　　于右任　彭素民

主席：廖仲愷

常務委員：彭素民

報告事項

一、宣讀第二十五次會議紀錄。

二、北京執行部報告補助太原曉報案已決議照辦函。

三、工人部報告開青年工人黨員會議情形。

四、漢口執行部報告：已准指派何叔衡等九人為湖南臨
　　時省執行委員，並匯去經費案。

工人部關於開青年工人黨員會議之報告

　　本部於廿七日下午二時開青年工人黨員會議，到會
者一百四十人，決定青年工人俱樂部籌備委員會組織大
綱如下：

（一）青年工人俱樂部籌備委員會由下列各人組織之：

　　　　1. 鐵路方面五人；

　　　　2. 海員方面五人；

　　　　3. 機器廠方面五人；

　　　　4. 兵工廠五人；

　　　　5. 產業工廠五人；

　　　　6. 各職業一人。

（二）籌備委員會內設一幹部，由籌備委員組織，負

　　　　完全責任。

（三）籌備委員會下設下列各種特別委員會：

　　　　1. 組織委員會；

　　　　2. 調查委員會；

　　　　3. 宣傳委員會；

　　　　4. 購置委員會。

　　　　皆照籌備委員會請任人員充之。

（四）籌備委員會請任若干人組織顧問團。

討論事項

一、審查確定鐵路總工會與中央黨部關係及其工作草
　　案。（上期會議交付，總理指派之馬超俊、陳興漢
　　兩同志列席參加審查。）

決議：將本日審查修正案俟下次會議提出決定。

二、宣傳部提出漢口大漢報請補助案。

決議：自本月起每月補助三百元，匯由漢口執行部轉
　　　給，並告漢口執行部接洽指揮。

大漢報請予補助函

　　為報告敝報於民國元年出版向以服從黨綱，惟收入
實不能敷出，謹將每日報紙銷售營業、經濟狀況及已往
與現在將來之辦法，原有印字機、澆字機、銅模等件並
希望本黨輔助情形逐一開呈鑒核，伏祈中央執行委員諸
公公決。

計開

一、每日排印四千餘份，以新舊學界為多數，商界次

之，政界又次之，武漢可銷二千四、五百份，外埠銷五、六百份（將錢定購者三百份左右），其餘係交換義務，又武漢廣告樣報及訪稿交換二百餘份，派報人退回報七、八百份。

一、營業每月收廣告費計分淡、旺月，淡月可收八、九百元，旺月可收一千一、二百元，截長補短即作一千元決算，加外寄報費約二百餘元，計每月可實收洋一千二百餘元。

一、經濟每月預算需洋一千七百元。

一、已往前承總理批准月給津貼大洋參百元，仰本黨支付在案，除敝報業具領外，下應須發十個月計洋參千元，惟敝報陸續虧累，由胡石庵個人變產賠累不計外，實虧欠外人者猶有參千數百元，如押出二、三、四號銅模各一副計洋一千二百元，欠錢店洋一千五百元計二家（一、一千元，一、五百元），油墨洋四百餘元，同事月薪洋三百餘元，房租洋五百元。

一、現在收付兩抵，每月實不敷洋五百元，因報紙一項以每月收入報費作買紙張代價，實賠五百餘元。

一、將來欲圖發展，當以改良印刷博採新聞材料，須添置全開印字機件或對開印字機、澆字機及英文鉛字零件，購回二、三號銅模應添基本金參千餘元，即從減亦須二千餘元，至每月支銷亦應增五百元，即聘請譔述特約外省、本省訪員及專電之用。

一、原有對開印字機二架、澆字機一部，因起義時被火燒過，現不過添新補舊，兼之年久不能整齊明瞭，

銅模計四副內二、三號字，前押與博文印字館扣還紙費洋案百元，無子金四號字一副，去臘已押與富士紙行（日本人）洋五百元，每月息金十元，係由漢口報館西門（日本人）從中擔任雙方簽字，約定陰曆四月十五日本利清償，將銅模贖回，如逾期不還即將四號與五號銅模均聽行拍賣，倘不足仍須追還。

一、希望本黨維持即應受本黨指揮一切，惟現狀最不了者，即富士紙行洋五百四十元，錢店二家至少付洋一千元，房租與油墨至少應付五、六百元，及今歲之扯東張西現買紙墨急債洋貳百元，至以後續行補助仍祈諸公酌奪，敝報只有再從節減量入而為出也即請

公安

大漢報經理　祝潤湘謹呈　四月三十日

三、鄒委員魯提議：補助北京民生週刊及太平洋通訊社，應如何補助案。

決議：民生週刊自本月起每月照給常費二百十元，匯由北京執行部發給，其擴充費，俟本會財力充裕時再行核定。太平洋通訊社以財力所限，不能補助。

鄒委員魯致本會函

中央執行委員會公鑒：

（一）北京民生週刊，係吾黨北大學生所組織，專從事宣傳吾黨主義者，奮鬥一年，成績卓著，但經費

支絀，應予維持，方能繼續。計常費月須二百十

元一角七仙，擴充費三百三十五元，擬請照撥，

如何？請公決。

（二）太平洋通訊社謝少侶函請總理撥費維持，奉諭：

謂以後宣傳事宜，概歸國民黨辦理，經費亦由

中央委員會擔任，著與仲愷、海濱接洽云，茲

為提出，應如何補助？請公決。

鄒魯啟

卅日

四、黃右公報告：接收香江晨報情形及擴充計劃。

決議：交宣傳部審核報告。

五、農民部提出：組織民眾運動委員會案。

決議：通過。

農民部提出組織農民運動委員會案

理由：國民革命的基礎在理論上，事實上，不能不建

設於佔中國全國民百分之八十的農民。所以農

民運動實為國民革命的主力軍，亦即為吾黨當

面重要的問題，應有充分的研究，及神速的進

行，故組織斯會。

辦法：農民運動委員會臨時簡章：

（一）農民運動委員會之設，為輔助中央執行委員會

農民部之進行，由農民部主理之。

（二）農民運動委員會之委員，由農民部全體加入

外，必須經農民部之介紹，中央執行委員會之

　　　　請任。

（三）本會推選委員長一人，秘書一人。

（四）本會每星期開會一次，如遇特別事故時，得開
　　　臨時會議。

（五）本會對於中央如有建議，得交由農民部提出。

（六）本簡章有未盡事宜，得臨時修改之。

六、農民部提出：聘請法朗客紅農為本部顧問案。

決議：通過。

七、農民部介紹廖仲愷、戴季陶、譚平山、法朗客紅農
　　參加農民運動委員會。

決議：承認。

八、農民部報告：籌備廣東農品展覽會事件及擬定簡章。

決議：修正全案通過。

籌備廣東農品展覽會經過情形第一次報告

　　四月十八日開廣東農品展覽會籌備會議，列席者：
廖仲愷、彭素民、戴季陶、鄧植儀、彭湃、甘乃光、石
盛祖。

決定事項如下：

（一）名稱　定為廣東農品展覽會。

（二）主辦　中國國民黨中央執行委員會農民部。

（三）由農民部擬定農品展覽會出品條例，函請省署
　　　以省令公布，並照行各縣。通告各省政府、大
　　　學、特殊團體徵集出品。

（四）定十月十七日（舊曆九月十九日）至同月二十六
　　　日止，為展覽會開會期。

（五）定廣州廣府學宮為會場。

（六）組織籌備委員會，由左列各機關人員組織之：
　　　農民部、宣傳部、組織部——以上本黨機關；
　　　廣東大學、嶺南大學——以上教育機關；
　　　省長公署、市政廳——以上行政機關。

（七）徵集出品章程，公推鄧植儀君起草。

（八）組織各縣農民參觀團。

辦法：（甲）由本黨中央，函請省長，令各縣長轉知
　　　　　　各縣農會（如未設農會者應以教育局代
　　　　　　之），組織農民參觀團赴廣州參觀農品
　　　　　　展覽會；
　　　　（乙）由本黨中央，函請省長，布告各縣所在
　　　　　　軍警切實保護。

各縣農民參觀簡章

第一條　本團定名為廣州農品展覽會　　縣農民參
　　　　觀團。

第二條　本團為使鄉村農民赴廣州參觀農品博覽會，
　　　　以增進農業智識，及提倡農民的文化運動為
　　　　宗旨。

第三條　凡　　縣屬各鄉農民，皆得為本團團員，但
　　　　須具備下列之資格：
　　　　（1）純屬農業操作之農民
　　　　（2）廿歲以上五十歲以下

（3）品行端正者

（4）無廢疾者

第四條　報名地點在　　縣農會（或教育局）。

第五條　本團團員每鄉下不得過三人，全團不得過
二百人。

第六條　報名日期自舊曆七月廿日起至八月十五日
止，如在限期內名額足數時應即截止之。

第七條　本團應於未出發以前製定團員衿章，分給各
團員，其樣式如下：

此衿章長營造尺四‧八寸，闊
二‧四寸用藍布地，以鏹水寫
白字，中蓋一鈐記，樣式如左：

第八條　團員報名表冊式如下

姓名		
年齡		
鄉縣鄉名		
備考		

第九條　本團員應於廣東農品展覽會開會前準備出發，
集隊於縣農會（或教育局），由農會長（或

教育局職員）擔任團長，任務帶領本團到廣
州參觀，為團長對於團員亟應懇切照料。

第十條　本團未出發以前應將團員人數、出發日期、何
　　　　日可以抵省先行電知廣州市中國國民黨中央
　　　　執行委員會農民部，俾得屆時招待（如無電
　　　　報者可用快郵）。

第十一條　本團出發時應向縣長領給護照。

第十二條　團長團員川資食料一應由本縣地方官款墊
　　　　　支撥作正報銷。

第十三條　本團抵廣州後由農品展覽會農民招待部招
　　　　　待之，一律免膳宿費。

第十四條　本團會計由團長兼任一切收支數目應於回
　　　　　縣後造具清冊報告縣署。

第十五條　本團於服廣州參觀完畢回縣時解散。

（九）經費之預定
　　　　（1）設備費三萬元
　　　　（2）宣傳費壹萬元
　　　　（3）招待費參萬元
　　　　（4）獎賞費壹萬元

五月初三日下午三時舉行廣東農品展覽會委員會第一
次會議，

列席者：黃枯桐　張和鄰　黃坤培　黃　秋　孔憲乾
　　　　譚保廉　方繼祥　劉伯淵　鍾　桃　張義明
　　　　劉茂青　梁惟一　陳頌襄　利　寅　薛錦標
　　　　石盛祖　彭　湃　彭素民　傅保光　譚錫鴻

簡帝奮　郭華秀　戴季陶　張天才　廖仲愷
鄧植儀

通過廣東農品展覽會籌備委員會簡章如次：

一、本會定名為廣東農品展覽會籌備委員會。

二、本會設在中國國民黨中央執行委員會農民部。

三、本會委員由中央執行委員會聘請之。

四、本會設委員長一人，職員若干人，由委員長聘
　　任之。

　　　（一）總務部（附文書、會計、庶務）；

　　　（二）徵集部；

　　　（三）設計部（附管理）；

　　　（四）審查部；

　　　（五）招待部；

　　　（六）宣傳部。

五、以上各部復設委員會執行部務，由各部主任組織之。

六、各地辦事細則由各部訂定之。

九、海外部提出：夏鳴夏函辭代理加拿大總幹事及農報
　　總編輯職務，並薦何葆仁繼任案。

決議：照准。

十、中央監察委員會請將陳覺先控謝英伯等一案撤消
　　公函。

決議：照辦。

十一、中央監察委員會覆查黃仲衡彈劾溫興亞案公函。

決議：照辦。

中監會覆查黃仲衡彈劾溫興亞案公函第十六號

逕啟者：

准貴會四月廿三日移來萬里洞支部長黃仲衡彈劾溫興亞背叛本黨，陷害同志，懇予備案拿辦一案。查其所指事實係發生在荷國屬地，如須調查證據，當託所在黨部辦理，惟本件係由所屬支部長及總務課長等提出，自應認為確實，准照處理。但該被彈劾人溫興亞，現尚僑居荷屬，無從拿辦，擬請由貴會先將該黨員溫興亞決定處分一函，覆黃支部長等，飭俟溫興亞返國之日，隨時報告，以憑核辦。請煩貴會查照辦哩，並予備案。此致

中央執行委員會

計附繳原函一件

中央監察委員會

十三年四月二十七日

十二、陳實庵等請另派員籌備安徽黨務案。

決議：原派之李迺璟、曹似冰撤消，由組織部另行提人報告決定。

陳實庵等請另派員籌備安徽黨務函

國民黨中央執行委員會諸先生鑒：

敬啟者，本黨自大會以來，中央執行委員會成立後，對於各黨務進行，曾分派籌備員各回本省辦理。安徽籌備員派定曹士彬、李迺璟兩君，乃事經兩月，曹李兩君，迄未遵行職務。安徽全體黨員，頗多失望，皖省為本黨在長江重要省分，若聽其放任，漫無組織，影響極大。查第三次中央執行委員會各省黨務進行計劃決議

案內，有第五條：派定之籌備員應於一星期內前赴該地籌備；第六條：臨時執行委員會之成立期，預定為一個月，如在預定期間不能成立者，應改派員籌備之規定。現曹、李兩君，既久未回本省籌備，延玩因循，責有攸歸。且不能因兩君之故，坐視黨務停滯。同志等為本黨及本省前途計，特公函陳請貴執行委員會，立予執行前項決議案，另行派員籌備，以利黨務進行，臨穎不勝待命之至。肅此敬頌公綏

安徽黨員：
陳實庵	袁家聲	薛　毅	岳相如	顧景文
張雨人	李源瀋	胡聘臣	葛傳賦	李伯屏
廖傳珩	傅慧初	鄭月庭	黃　甲	黃又新
劉顯廷	馬祥伯	劉孟丹	宋梓洋	周修五
胡連三	黃　節	田象坤	畢耀西	王哲民
王　鼎	詹效伯	黃漢宗	姚餘九	孫治臣
王孟起	廖梓英	宋咸登	孫儆方	高子培
王竹如	袁興周	王慶雲	常恆芳	李乾玉
張鴻鼎	孫卓如			

十三、本委員會關於新規支出限制案。

決議：本年度支出已經超過現有預算，自本月起除籌得新財源外，一切新規事業不再舉行。

第二十七次會議

十三年五月八日

到會者：于右任　林　森　廖仲愷　李宗黃　戴季陶
　　　　彭素民

主席：廖仲愷

常務委員：彭素民

報告事項

一、宣讀第二十六次會議紀錄。

二、廣州市黨部選舉執行監察委員結果報告。

三、漢口執行部報告湖北省黨部成立案。

決議：圖記應加臨時二字，並囑分別報告舊黨員已登記
　　　人數及新黨員入黨人數。

廣州市黨部執行、監察委員選舉結果報告

　　為報告事，廣州特別市黨部執行、監察委員選舉，業於四月二十五日在各區開始投票，至二十七日截止，各區將票匯繳回，即於二十八日開票，至本月五日完竣，所有辦理情形，除由組織部編錄有系統詳細記載報告外，特先將選舉結果報告於下：

一、各區投票總數　六千二百五十二張

二、廢票　　　　　四百張

三、當選人

執行委員：吳鐵城　五千六百二十七票

　　　　　孫　科　五千六百一十四票

　　　　潘歌雅　五千二百九十七票

　　　　馬超俊　五千零零八票

　　　　陳其瑗　四千零八十三票

　　　　黃季陸　三千六百二十四票

　　　　羅　邁　二千四百一十六票

　　　　陳興漢　二千四百一十四票

　　　　方瑞麟　二千二百三十九票

候補執行委員：趙錦雯　二千零四十票

　　　　　　　阮嘯仙　一千九百九十票

　　　　　　　伍智梅　一千六百八十一票

　　　　　　　曾西盛　一千五百七十七票

　　　　　　　酈達生　一千三百六十七票

監察委員：黃隆生　三千三百四十三票

　　　　　劉蘆隱　三千零五十七票

　　　　　陳樹人　二千八百七十四票

候補監察委員：張民達　二千五百七十六票

　　　　　　　林雲陔　一千九百六十三票

　　　　　　　鄧演達　一千六百七十一票

　　　　　　　組織部部長　譚平山

　　　　　　　監視開票員　鄧澤如　廖仲愷

　　　　　　　　　　戴季陶　彭素民　報告

　　　　　　　中央執行委員會、中央監察委員會

漢口執行部報告湖北省黨部成立案

逕啟者：

　　湖北省黨部於四月六日成立，一切籌備進行均經

核定，茲將報告鈔送，請予察核備案。此致中央執行
委員會

漢口執行部啟

四月二十九日

（湖北省黨部報告另存案）

討論事項

一、廣東油業工會執行委員會為江門商團捕擄工人請
　　願書。

決議：將調查所得情形，呈明大元帥，請嚴令有地方責
　　　任職守之文武官吏，對於此事徹底查辦。

　　　函省長對於此案須以公道及誠意，切實嚴重辦
　　　理，以尊重本黨主義及政綱。

二、審查確定鐵路總工會與中央黨部之關係及其工作草
　　案。（上次會議移馬超俊、陳興漢參加審查）

決議：條文照審查修正案通過，圖案將原圖與馬超俊同
　　　志提出之修正圖併交組織部查核，製定報告。

確定鐵路總工會與中央黨部關係及其工作案

十三年五月一屆廿七次中執會通過

（一）鐵路總工會黨團的行動，直接受中央執行委員會
　　　之指揮，或由中央執行委員會委託各執行部指
　　　揮之。

（二）沿鐵路各站之黨部或黨團，中央執行委員會得委
　　　託各該地方最高黨部組織之。

（三）沿鐵路各站之黨部或黨團之計劃，須得鐵路總工

會黨團之認可。

（四）沿鐵路各站之黨部或黨團之行動，受鐵路總工會
　　　黨團之指揮。

（五）純粹地方性質之鐵路各站工人活動，得由所在地
　　　最高黨部指揮之。但須報告鐵路總工會，黨團
　　　如違背鐵路總工會議決之一般策略時，鐵路總
　　　工會黨團得限制其行動。

（六）含全國性質之政治活動，由鐵路總工會黨團直接
　　　指揮之；但如違背本黨總工會運動方針時，中
　　　央執行委員會得限制其行動。

（七）含全國或地方性質之純粹經濟鬥爭，或其他純粹
　　　工會問題之活動，須由鐵路總工會黨團直接指
　　　揮之。

三、上海執行部對於建國大綱徵文意見書。

決議：與第十六次會議擬定辦法，併交宣傳部對照，於
　　　下次會議提出討論。

四、北京執行部報告：所轄各省臨時省執行委員名單，
　　　請核准案。

決議：照准，並函請轉知各委員，將詳明履歷開來
　　　備案。

五、北京執行部請增加提出所屬各省區臨時省市縣預算
　　　增加案。

決議：交秘書處將本會經濟全盤計算後，再行報告審核。

六、張知本再函請准辭職案。

決議：再函慰留，告以各方面均非常推重，非就不可，
　　　無論如何，均須任勞任怨。

七、海外部提出：海外各級黨部頒發黨證辦法草案。

決議：交海外部與組織部開聯席會議商定辦理。

八、葉楚傖、胡漢民、汪兆銘函請查究澳門代表之函登
　　布商報原由案。

決議：先查詢是否由彼送登再核。

九、決定溫興亞處分案。

決議：按總章第七十二條處以永久開除黨籍，並發表於
　　　黨報。

十、中央監察委員會公函：請撤銷何其芳彈劾鄭里鐸，
　　並請將鄭里鐸聲訴鄧本殷黨羽假名攻訐函備案。

決議：照函分別撤銷備案。

中央監察委員會審查何其芳等揭告鄭里鐸王鴻龐一案公函

逕復者：

　　案准貴會移來何其芳等六人彈劾鄭里鐸王鴻龐一
案。查其所指各節，多屬已往陳迹，且人證物證兩皆闕
如，不能認為的當。該原函署名自稱為瓊崖駐省代表，
惟遍詢瓊崖人士，均無認識其人者。當經由本會於四月
二十三日對該原彈劾人等發出傳訊通知書，送達瓊崖學
會，促令出頭答問，並指定七日內為出頭期間，踰期即

以規避論，將案撤消等由。現已踰期三天，該何其芳等
並無一人前來受訊。又被彈劾人鄭里鐸函述鄧本殷黨羽
假名攻訐一件，當經面詢鄭里鐸，據稱何其芳等確係假
名攻訐，顯是別有作用。如何其芳等有人到案，情願投
到對質等語。合上兩件加以考察，則何其芳等彈劾王鴻
龐、鄭里鐸一案，實係假名攻詰，本黨部當不受理。至
鄭里鐸函稱鄧本殷黨羽假名攻詰一件，仍當存案備查。
所有密辦本案情形，相應連同原件函復貴會，即希查
照，分別撤消備案，實紉黨誼。此致
中央執行委員會

中央監察委員會
五月三日

十一、海外部提議南洋總支部部長應改稱主席案。
決議：改稱主席，以符大會所定海外黨務方案第四款第
　　　一項之名稱。

第二十八次會議

十三年五月十二日

到會者：廖仲愷　林　森　戴季陶　于右任　柏文蔚
　　　　彭素民

主席：廖仲愷
常務委員：彭素民

報告事項

一、宣讀第二十七次會議紀錄。

二、工人部報告工人代表大會開會經過。

工人代表大會開會經過報告

（一）工人代表之成分

種類	交通工人	工廠工人	手工業工人	總計
工會數	10	6	45	61
工人數	29,000	27,321	27,916	83,237
代表數	41	70	131	242

（二）工人代表會會議之組織

　　　A. 大會——由代表全體組織之

　　　B. 委員會——由交通工廠手工業三種工人代表
　　　　分別組織之

（三）工人代表會會議之議決案

　　　A. 交通工人委員會議案決案六種

　　　（1）一條鐵路一個工會案（工人部提出）
　　　　（保留）

　　　（2）三路工人聯合案（工人部提出）（保留）

（3）電報局內工人聯合及組織案（工人部提
出）（通過）

（4）電話局內工人聯合及組織案（工人部提
出）（通過）

（5）海員輪渡工人及司機工人結合案（工人部
提出）（通過）

（6）交通工人聯合案（工人部提出）（通過）

B. 工廠工人委員會議案

（1）組織工廠工會案（工人部提出）（保留）

（2）工頭及包工問題案（工人部提出）（通過）

（3）學徒不開夜工案（工人部提出）（通過）

C. 手工業工人委員會議案

（1）同業劃一工價及同業攙奪問題案（工人部
提出）（通過）

（2）工會組織採用下級組織案（工人部提出）
（通過）

（3）組織職業介紹所案（工人部提出）（通過）

（4）商團問題案（委員會提出）（通過）

D. 大會除通過委員會提交大會外另決定案九種

（1）工人教育問題案（通過）

（2）組織工人委員會案（通過）

（3）工人醫院案

（4）執行委員會之組織及職權案（通過）

（5）工人代表會宣言案（通過）

（6）工人代表會執行委員會會所由政府撥給案
（通過）

（7）執行委員會委員選舉條例案（通過）

（8）工人保險金案（通過）

（9）工人罷工互助費案（通過）

附各議決案

（一）電報局內工人聯合及組織決議案

　　在此次工代人代表會閉會之後，電報局工人須聯合為一工會，不分職業界限只以行業為標準，凡屬電郵、電機及線路工程之工人視同一體，各埠分局之工人及以薪水養家非高級職員者，皆准入會，如遇必要時得各職業伺自行組織一部自行管理事務，但不能脫離工會而獨立，如不必組織各部時不可組織，以免分裂，組織之法須照下列規例：

（1）工會內設立一職業保護局，凡工人入局時由此局介紹，如遇開除時由此局會同審查之，此局須由純工人組織之，審查時得要求電報局內人員出席會議。

（2）工會費須用百分法規定繳納數目以昭平等，工錢少者不致負擔太重，工錢多者不至負擔太輕，但所享權利一律平等。

（3）非由職業保護局介紹者，不得入局做工，以救失業。

（4）以上組織事宜，如需要幫助時，由廣州市工人代表會執行委員會及國民黨中執行委員會工人部幫助之。

（二）電話局內工人聯合及組織決議案

在此次工人代表會閉會之後，電話局內各種職業工人須一律聯合，不分司機及修理機器者，街外修線者又不分男女司機以歸一致，至於以上各職業內部之事，可以自行設立一部管理，但凡關於局內工人全體利害之事情務宜一致，行動之法須照下列規例：

（1）司機修整機件、街外修線及各下給職員（薪水低少者），各設立一部自行管理內部事務。

（2）電話局內工人共同設立一個屬於娛樂性質之俱樂部，以融合彼此感情，此俱樂部由各部選人管理之。

（3）以上組織事宜，由工人代表會執行委員會及國民黨中央執行委員會工人部幫助其進行。

（三）海員及輪渡工人司機工人結合決議案

海員為海上工人，本無分內河及海外，亦無分大輪及小輪，亦無分華人及洋人，事實上有統一之必要工會，亦無分大小，皆屬工人之團體，亦不應各自獨立。在此次工人代表會閉會之後，凡海上工人須知海上工人彼此痛癢，原屬相關行動自須一致，茲規定結合方法如下：

（1）海員與內河輪渡船艇工人及司機工人承認結合之後，在各工人未生結合習慣之前，得仍然各自設立執行部分途管理事務，但關於大眾及各部利益之事須一致進行，不能規避。

（2）各部暫時得自行徵收會費，但須以百分之幾撥為總機關之經費。

（3）各部職員由各部自行選舉。

（4）總機關之職員選舉，由聯合代表大會規定選舉區
　　　及選舉法舉行之。

（5）總機關與各部事務採用均權制度。

（6）此種聯合形式於相當時期之後得更改之。

（7）總機關須設立保護局，凡工人被開除時須得該局
　　　承認。

（8）各部須自行設立職業介紹所，各自介紹工人職業
　　　移往別業時，須得該業工人介紹所之許可。

（9）以上組織事宜，由工人代表會執行委員會及國民
　　　黨中央執行委員會工人部幫助其進行。

（四）交通工人聯合問題決議案

　　在此工人代表會閉會之，凡屬交通性質之工人團體
均須依照下列條例進行聯合：

（1）電報局及電話內工人不分職業，每五十人選出一
　　　人組織第一支部執行委員會。

（2）粵漢路、廣三路、廣九路內工人不分職業，每
　　　五十人至一千人選出一人組織第二支部執行委
　　　員會。

（3）海員輪渡司機起落貨及船艇駁載工人，各選派代
　　　表組織第三支部執行委員會，選舉人數規定如
　　　下：一千人以下選出一人，千人以上每五千加選
　　　一人。

（4）其他交通工人均須聯合設立支部加入交通工人
　　　部，至代表之選派法另行公訂。

（5）交通工人部執行委員會，由每個支部選派二人，
　　　最高執行委員會指派三人組織之。

（6）交通工人部地址設在粵漢路，但得隨時更改。

（五）工頭及包工問題決議案

（1）工廠工人須設立職業委員會，遇開除時須由此委員會審查之，如有罰工及扣工時須由此委員會審查之。

（2）工廠工人須設立職業介紹所，使工頭不能任用私人及結黨操縱。

（六）學徒不開夜工決議案

（1）學徒須有閒暇時間受教育，每日作工不得過九小時。

（2）學徒廢除夜工後不得扣除原有工資及津貼。

（3）工廠內學徒得設立青年部。

（七）同業劃一工價及同業攙奪問題決議案

（1）在此以工人代表會閉會之後，凡業務相同之同等職位工人或有關係者，應互派代表開會討論以日計算、以件計算、以拌工計算，分門別類劃一工價，有增無減，以免彼此攙奪工人受害。

（2）同業競爭跌價攙奪，使工人自身受東家操縱，多數因而失業，又使工會權力不行，力量渙散，凡工人中不論職業，如有未入工會及已入工會，跌價攙奪職業，破壞工會條約者，皆應驅逐出境，凡加入工人代表會之工會皆應助力驅逐之使其無容身之地。

（3）一種職業不容有兩個工會設立，以厚勢力，凡已分立者，應於此次工人代表會閉會之後，互派代表開會討論聯合方法。

（4）以上事情若需要幫助時，由工人代表會執行委員會及國民黨中央執行委員會工人部幫助其進行。

（八）工會組織用下級組織決議案

在此次工人代表會閉會之後，各工會應設法整頓，工會內部組織已增加團結力量，其組織之法須依照下列方法：

（1）將舊時工人小團體，如俱樂部、寄宿舍、外寓、館口、空口等等，在工會註冊認為正式團體，作為工會之單位受工會指揮。

（2）未有小團體之組織者，以工作店或工作部分為工會之單位，人數不計多少皆可成為小團體。

（3）工會自後不以個人為單位，以團體為單位，一切會議可由小團體舉派代表出席，但代表須負傳達代表小團體全體會員意思之責任，不能代表私人意見脫離工會獨立。

（九）組織職業介紹所決議案

在此次工人代表會閉會之後，各工會須依照下列辦法組織職業介紹所。

（1）職業介紹所由工會組織之，在政府立案，保證其有絕對權力。

（2）東家須承認職業介紹所有介紹工人職業之絕對權力。

（3）工人不得私擅介紹工友。

（4）東家不得擅用非職業介紹所介紹之人。

（5）學徒亦由此所介紹。

（十）商團問題決議案

（1）凡商團不得干涉工會事情及侵犯工人自由之事。

（2）凡商團如有傷斃工人生命及掠奪工人財物時須滿足賠償。

（3）凡商團軍傷斃工人時，由所屬該團軍團體負責，如有縱容團軍自由行動時，政府須解散之並懲辦該負責人。

（4）凡屬工人不得充當商團軍，一經查出即行驅逐出境。

（5）如商團無理壓迫工人時，凡加入工人代表會之工會及工人須一致對付及援助。

（6）工人得組織工團軍自衛。

（7）以上條件由工人代表會全體工人要求政府頒布條文保護。

（十一）工人教育問題決議案

（1）工人代表會要求政府設立工人學校，此學校由工人代表會執行委員會管理之。

（2）凡市內屬於工人教育機關，須由工人代表會執行委員會管理之。

（十二）設立工人醫院決議案

（1）工人代表會執行委員會，須要求政府分區設立工人醫院，此種醫院由執行委員會管理之經費由政府撥給。

（十三）組織工人委員會決議案

（1）工人代表會要求政府機關特設立勞工科管理工人事情。

（2）工人代表會要求政府勞工科指派代表，會同工人代

　　　　表會選派之代表組織工人委員會解決工人事情。

（十四）工人代表會執行委員會選舉條例決議案

（1）工人代表會執行委員會執行委員人數為二十一
　　　人，候補委員九人。

（2）工人代表會執行委員會委員長，由國民黨中央執
　　　行委員會工人部長充當之。

（3）工人代表會執行委員會全以工會為單位，由大會
　　　選出二十個工會充當執行委員。

（4）各工會之選舉權以各該工會之會員人數為比例，
　　　每百人有一選舉權，各工會之人數以各該工會之
　　　報告為標準。

（十五）組織合作運動委員會決議案

（1）合作運動委員會以工會為單位，由若干工會選出
　　　代表組織之。

（2）委員由執行委員會指派之。

（十六）工人代表會執行委員會之組織及職權決議案

（1）執行委員會設委員長一人。

（2）執行委員會下設秘書處，秘書處人員由執行委員
　　　會聘任之。

（3）執行委員會下設立特種委員會，特種委員會由
　　　執行委員會選任之，如遇必要時得增設特種委
　　　員會。

（4）執行委員會之職權如下：

　　　a. 代表本會對外關係

　　　b. 選任及罷免特種委員會委員

　　　c. 決定及取銷特種委員會之計劃

　　d. 執行代表會決定之議案

　　e. 召集代表會議

　　f. 撤銷加入工人代表會，各工會一切違反代表大
　　　會決定議案之計劃

　　g. 因事經之必要時得召集代表會議，議決後得宣
　　　告同盟罷工

（5）執行委員會委員任期為一年。

（6）執行委員會委員如有失職時，有五個工會得提出
　　　召集三部代表會組織監察委員會審查之，審查確
　　　實後得由監察委員會懲戒之。

工會選舉之規定

工會名稱	人數	選舉權
廣東輾穀工會	二千人	二十票
廣東車衣總工會	一千六百人	十六票
廣東派報工會	六百人	六票
廣東輪渡船務總工會	八千人	八十票
廣東鉸木工會	二千七百人	二十七票
新舊土洋杉雜木工會	九百人	九票
廣州酒業工會	三百人	三票
廣東織紗聯合工會	七百二十五人	七票
廣州藥材工會	二千一百人	二十一票
廣東電報工會	一百二十六人	一票
省港佛玻璃樽行工會	三百一十八人	三票
廣州土墨工會	二百六十人	二票
土貨箱行工會	九百人	九票
廣州漆器工會	三百人	三票
刨花行厚德堂工會	三百人	三票
廣州電話競進俱樂部	一百人	一票
廣三鐵路機器廠廠互成俱樂部	二百一十一人	二票
廣三鐵路土木油漆職工養志團	一百零五人	一票
廣東兵工廠	一千八百人	十八票
廣州理髮工會	二千人	二十票
漢文排字工社	一千餘人	十票

工會名稱	人數	選舉權
廣州市女子織襪工會	一千三百人	十三票
廣東銅鐵工會	一千二百人	十二票
省佛木料雜貨工會	二百四十人	二票
廣州唐裝金銀首飾工會	一千五百人	十五票
中華海員工業聯合總會	一萬三千人	一百三十票
廣東機器工人維持會	八千人	八十票
打包行工業聯合會	三百人	三票
廣州酸枝花梨閨行工會	七百人	七票
鎅木合勝堂工會	六百人	六票
廣州刨煙協成堂工會	六百人	六票
粵路藝■聯合工社	一千人	十票
廣州酸枝花梨筍行工會	七百人	七票
廣州藤器工會	三百人	三票
廣州鐵路車務同業工會	五百人	五票
廣州牛油洋燭札作團體會	六百人	六票
僑港駐省油漆工會	一百二十人	一票
木箱工會	三百零七人	三票
機仿昭信工會	三百人	三票
革履工人聯合會	三百人	三票
廣州丸散工會	一千六百五十人	十六票
電燈局互聯俱樂部	五百人	五票
木貨裱箱行工會	一百人	一票
順屬鎅木同發堂工會	三百人	三票
廣州市人力車伕工會	三千人	三十票
廣州販蔴同業工會	一千二百人	十二票
大本營製彈廠機器研究工社	二百二十一人	二票
石印工業研究社	六百人	六票
廣東倫宣紙業工會	一千五百人	十五票
省港起落貨集賢工會		
廣州茶居工會	一萬一千三百人	一百十三票
廣州縫業工會	一千五百人	十五票
廣州土木建築工會	七千三百六十人	七十三票
廣州同德洋庄西式傢私工人會	三百人	三票
僑港坭水駐省工會	五百人	五票
毛扇行工會	三百人	三票
銅器七行聯志堂工會	二百十六人	二票
建造西式傢私工會	三百人	三票
建築工人研究社	二千人	二十票

工人代表會執行委員會執行委員選舉結束

執行委員

工會名稱	票數
廣東輾穀工會	六百二十五票
廣東機器工人維持會	五百七十五票
中華海員工業聯合會	五百七十一票
廣東油業工會	五百六十三票
兵工廠	五百二十票
廣東輪渡船務總工會	五百零一票
廣州鐵路車務工會	四百四十七票
廣州理髮工會	四百三十四票
廣州土木建築工會	三百八十七票
起落貨集賢工會	三百八十五票
廣東茶居工會	三百八十一票
電燈局	三百五十二票
廣東車衣總工會	三百三十四票
電報工會	二百八十三票
漢文排字工社	二百六十一票
酒業工會	二百五十八票
電話局	二百三十四票
廣三互成俱樂部	二百二十五票
粵漢鐵路	一百八十五票
革履工人聯合會	一百八十二票

候補委員

工會名稱	票數
織紗工會	一百七十六票
藥材工會	一百七十六票
唐裝首飾工會	一百六十四票
打包工會	一百五十八票
廣三路木廠職工養志團	一百五十三票
銅鐵工會	一百四十五票
玻璃樽工會	一百四十五票
派報工會	一百四十一票
牛油洋燭札作團體會	一百二十三票
廣東人力車工會	一百三十票
廣東僑港油添工會	一百二十七票
廣東駐省坭水工會	一百二十票
廣東土墨工會	一百十四票
土洋杉雜木工會	一百零九票
廣東藤唸工會	一百零七票

工會名稱	票數
廣東縫業工會	一百零三票
大本營製彈廠	八十五票
廣州女子織襪工會	八十票
肉行昭信工會	七十九票
廣東裱箱工會	七十七票
廣東鋸木工會	七十四票
廣東土貨箱行工會	六十八票
廣東車磨玻璃工會	六十六票
廣東漆器工會	六十五票
廣東木箱工會	五十八票
廣東銅行工會	五十七票
廣東刨花工會	五十七票
廣東紙業工會	五十二票
廣東毛扇工會	五十一票
酸枝花梨鬭行工會	五十票
酸枝花梨笏頭工會	五十票
廣州鋸板工會	四十八票
機紡昭信工會	四十七票
廣州木藝工會	四十四票
廣州刨煙公會	四十三票
順屬鋸板工會	四十二票
廣州西式傢私工會	三十九票
廣州錦繡工會	三十四票
廣州建研工會	二十五票
廣州販蓆工會	二十票
廣州石印工會	十四票
同德傢私工會	十三票
建造木工工會	六票
廣州丸散工會	五票
省佛木料鏡裝工會	四票
廣州木料雜貨工會	四票

三、漢口市黨部籌備處報告。

四、漢口執行部職員姓名表。

五、漢口執行部抄錄湖南省黨部報告書暨臨時執行委員
　　履歷表。

六、海外部提出駐三藩市總支部黨務報告。

國民黨駐三藩市總支部報告　黨字第七十四號

各部同志兄鑒：

　　敬啟者：本總支部去歲上半年成績，業於黨字第
六十二號通告公佈在案，而全年成績，亦經結束完妥。
茲將總數分類表列於後，俾眾同志咸知我美洲黨務進步
之速，而益努力於為黨奮鬥也。

計開

一、通告：計共發出廿六通

二、電報：甲、收入　共一百四十四封；
　　　　　乙、發出　共五百四十封。

三、函件：甲、收入　共二千四百五十六件；
　　　　　乙、發出　共八千五百二十件。

四、機關增加：甲、分部成立六處；
　　　　　　　乙、通訊處成立七處。

五、款項收入：共壹拾萬零一千零二十一元四毫七仙。
（內屬救國義捐銀六萬一千壹百八十九元九毫，餘為基
金年捐經費樓業等項）

六、證書發出：

　　天、新入黨員── 一千二百七十九張。

　　地、換證── 一、中華革命黨員一百十五張；

　　　二、國民黨黨員二百六十四張。

　人、遺補三十六張。

以上所列均屬犖犖大端，至舊歲詳細進支數目，容待理
事會核算清楚，印釘成帙，然後奉寄也。此頌黨祺

　　　　　　　　　　　總幹事陳耀垣

　　　　　　　　　十三年三月廿五日

討論事項

一、海外部提出周雍能君奉派往海外辦黨辦報川資俸給
　　應如何發付案。

決議：照派周雍能赴美洲各埠籌款，及為墨西哥辦黨
　　　　專員，川資待籌，俸給另定。

二、漢口執行部報告四月份決算案。

決議：交會計核。

三、漢口執行部開具五月份預算案。

決議：除國民周刊社經費另案決定外，關於職員津貼及
　　　　雜役、房租、郵電、燃料等預算，照原列通過。

四、漢口執行部提出，開辦漢口國民周刊計劃，及其經
　　濟概算。

決議：照該概算辦理，惟請仍編一收入概算寄來。至
　　　　報價無論如何低廉，總以取價為標準，每月所
　　　　收報費，並須報告核抵。

五、上海執行部函告：關於講習所之意見及其經過。

決議：交宣傳部辦。

六、組織部審核全國鐵路黨團案報告。

決議：通過。

全國鐵路黨團圖案

1. 中央執行委員會或各執行部

2. 省黨部執行委員會

3. 縣黨部執行委員會

4. 全國鐵路總工會執行委員會

5. 各路工會執行委員會

6. 各站支部執行委員會

7. 全國鐵路總工會黨團

8. 各路工會黨團

9. 各站支部黨團

七、組織部提出擬通告廣東前已成立之各分部，在未派
　　員前往改組以前，仍負責權理案。

決議：通過。

八、海外部提出：駐法支部主席王京岐請補助國民周刊
　　津貼案。

議決：交宣傳部審核。

九、海外部提議：改組後海外黨員基金辦法。

決議：通過。

海外部提改組後海外黨員基金辦法

一、海外各級執行部，此後停收黨員入黨基金。

一、自本黨改組後，所有海外黨部匯回基金，作為特
　　別捐。

一、此後海外各執行部，得徵收黨員特別捐，專為該地
　　各執行部應用，不必提匯回中央委員會，但特別捐
　　量力捐認。

十、海外部提議：南洋各執行部發給黨證可變通辦法不
用貼本人照片。

決議：通過。

民國史料 44

中國國民黨第一屆中央執行委員會
會議紀錄（一）

The Minutes of First Central Executive Council
- Section I

編　　者　民國歷史文化學社編輯部
總 編 輯　陳新林、呂芳上
執行編輯　林育薇
文字編輯　王永輝、江張源、李承恩
排　　版　溫心忻、盤惠秦

出　　版　🛡 開源書局出版有限公司
　　　　　香港金鐘夏慤道 18 號海富中心
　　　　　1 座 26 樓 06 室
　　　　　TEL：+852-35860995

 民國歷史文化學社 有限公司
　　　　　10646 台北市大安區羅斯福路三段
　　　　　　　　37 號 7 樓之 1
　　　　　TEL：+886-2-2369-6912
　　　　　FAX：+886-2-2369-6990

初版一刷　2021 年 1 月 29 日
定　　價　新台幣 350 元
　　　　　港　幣 90 元
　　　　　美　元 13 元
I S B N　978-986-5578-02-2
印　　刷　長達印刷有限公司
　　　　　台北市西園路二段 50 巷 4 弄 21 號
　　　　　TEL：+886-2-2304-0488

http://www.rchcs.com.tw

國家圖書館出版品預行編目 (CIP) 資料
中國國民黨中央執行委員會會議紀錄 . 第一屆 =
The Minutes of First Central Executive Council/
民國歷史文化學社編輯部編 . -- 初版 . -- 臺北市：
民國歷史文化學社有限公司 , 2021.01

　　冊；　公分 . -- (民國史料；44-47)

ISBN 978-986-5578-02-2 (第 1 冊：平裝). --
ISBN 978-986-5578-03-9 (第 2 冊：平裝). --
ISBN 978-986-5578-04-6 (第 3 冊：平裝). --
ISBN 978-986-5578-05-3 (第 4 冊：平裝)

1. 中國國民黨中央執行委員會　2. 會議實錄

005.215　　　　　　　　　　　　110000226